元企業内会計士が教える

公認会計士 梅澤 真由美 著

経理のための エクセル 基本作法と 活用戦略が わかる本

税務研究会出版局

は じ め に

　この本は、経理パーソンが実務に必要なエクセルスキルを身に付けるための「参考書」です。

　一体どうやったらそんなスピードでエクセル作業ができるのか？
　今から十数年前、監査法人から事業会社にスタッフとして転職した私は、同僚たちのエクセル手さばきを目にして、途方にくれました。目にもとまらぬ早業とはまさにこのこと。ショートカットを鮮やかに操って、どんどん資料を作成していきます。転職先の日本マクドナルド株式会社は当時、４千近い店舗をかかえた日本の外食産業のトップ。経理部員にとって、膨大な量のデータを扱うための、高度なエクセルスキルは業務をこなすうえで必須でした。
　その一方で、当初はショートカットもほとんど知らなかった私。経理パーソンとして必要なエクセルスキルを、実務の中でコツコツ身に付けていきました。その甲斐あって、数年後には、エクセルを活用して業務を改善することで、残業削減の成果につながり、部門のMVPとして表彰を受けることができました。

　この自分の経験をもとに、実務の中でエクセルを身に付けるには参考書こそが役に立つと考えています。理論（テクニック）だけを淡々と紹介する教科書だけでは、どのように経理実務に落とし込むかを自分でゼロから考えなくてはいけません。しかし、皆さんが痛感しているとおり、私たち経理パーソンにはそんな時間はないのです。そこで、本書は、経理パーソンが明日からの実務に使えるエクセルの参考書を目指しました。どの理論（テクニック）が良く使われるのか、どうやって覚えたらいいのか、そしてどのような場面で使ったらいいのか。今までの私の経験をもとに、実務で想定される事がらと理論をで

きる限り結びつけています。学生時代の勉強と同じで、教科書に書かれた内容を自分のものにするためには、参考書が役に立つはずです。

　本書は、全国7か所でのべ十数回開催し、満席を何度もいただいた株式会社税務研究会の公開セミナー「Excelを活用した業務の効率化と正確性UP術」をきっかけに生まれました。セミナー内容をもとに、同社の雑誌「週刊経営財務」に「経理のためのエクセル実践講座」として約1年間連載した文章に、大幅に加筆修正を行っています。

　セミナーを実際に受講くださった多くの方から「職場の部員全員にこのセミナーを受けさせたい」というありがたい声をいただいたことが、この度の書籍化につながりました。多忙な経理の皆さんが、場所と時間の制約を受けずに書籍から学び、その結果、経理の仕事に少しでも多くのやりがいや楽しさを感じていただけたら、とてもうれしいです。

　この本の土台には私のキャリアの原点である監査論の考え方があり、これを教えてくれたのは監査法人トーマツ（現：有限責任監査法人トーマツ）監査5班の上司・先輩方です。また、私がエクセルスキル向上に取り組むきっかけになった日本マクドナルド株式会社財務本部の仲間は、多くの具体的なテクニックを惜しみなく教えてくれました。さらに、ウォルト・ディズニー・ジャパン株式会社ディズニー・ストア部門の上司・同僚からは、エクセルスキルが私の強みであるという気づき、そして部門の垣根を超えた数多くの業務改善の機会をいただきました。

　そして今回、書籍という形で実を結ぶことができたのは、セミナー担当者の明星正則さん、連載担当記者の根本祐滋さん、担当編集者である若井麻理子さんをはじめ、株式会社税務研究会の皆さまがともに走ってくださったおかげです。自由に仕事をする私をいつも応援してくれる家族をはじめ、ともに時間を過ごしたすべての皆さまにこころより感謝いたします。

令和元年七夕の日に

公認会計士　梅澤　真由美

● 本書の構造・章立て

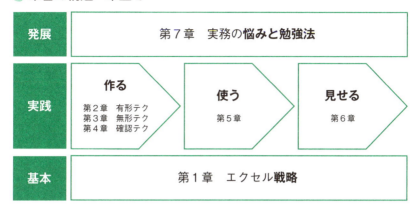

● 本書の使い方

① 経理にとってのエクセル活用の方向性を体系立てて理解したい方は、「第1章 エクセル戦略」から読みましょう。

② 経理担当者として必要なエクセルスキルを一通り身に付けたい方（例えば、経理初心者から2年目程度）は、「作る」編の「第2章 有形テクニック」「第3章 無形テクニック」から読むといいでしょう。経理特有の場面とテクニックを効率的に身に付けることができます。

③ 経理として一通りのエクセルスキルをすでに身に付けた方（例えば、経理歴3～4年目程度）には、「第4章 確認テクニック」と「第5章 使う」がおすすめです。経理にとって大事な正確性と効率性をどのように叶えるのかのヒントが見つかります。

④ 報告用資料作成の機会が多い経理中堅層の方（経理歴5年目以上）は、「第6章 見せる」を中心に読むといいと思います。経理数値をどのように経営情報に仕立て上げればいいのかが分かるようになります。

⑤ 経理エクセルの道をさらに究めたいという方には、「第7章 実務の悩みと勉強法」がいいでしょう。

● エクセルシートサンプルのダウンロードと特典動画の視聴はこちら

URL：https://www.zeiken.co.jp/camp/excel2019/

① **エクセルシートサンプル**

　本書内で紹介しているエクセルシートのサンプルデータをダウンロードいただけます。

(サンプルダウンロード画面イメージ)

(サンプルデータ)
・マスター・オブ・マスター（MOM）
　　　　　　　　　　　　　　➡解説は本書P.25
・全社月次PL、部門別月次PL、売上KPI
　　　　　　　　　　　　　　➡解説は本書P.20

※サンプルデータの使用結果について、著者及び当社は一切の責任を負いかねますのでご了承ください。

② **特典動画「経理担当者が必ずおさえておきたいセルの入力6つの作法」**

　本書に掲載のエクセル作法の中から、必ずおさえておきたいセル入力のポイントについて、著者の梅澤氏が解説した動画を公開中です。各トピック5分以内で、基礎のキソの確認にぜひご活用ください。書籍ご購入者様限定で、無料でご視聴いただけます。

(動画イメージ)

(解説テーマの例)
・1セルには1データだけ
・できるだけ「数値」化
・スペースは使用禁止

※無料視聴のお申込みから3週間ご覧いただけます。
※Webセミナー定額プランご契約の方は、ログイン後、「書籍購入者特典」で検索してください。
※予告なく公開を終了する可能性がございますので、ご了承ください。

目　　次

第1章　エクセル戦略があれば経理業務は成功する

1．経理とエクセルのツカエル関係 ……………………………… 2

(1)会計システム　(2)人数の多さ　(3)年間スケジュール

2．エクセル活用で業務の「時間」と「ミス」が減る ………… 7

(1)労働時間が減る　(2)ミスが減る

3．エクセル「戦略」なくして成功なし

〜経理実務に活かすエクセル戦略3箇条〜 ………………… 10

(1)手よりも頭を使う　(2)数字から言葉への「翻訳」

(3)毎日0.3％改善で、1年後2倍の変化

4．3つの場面分けを意識する ………………………………… 12

(1)作る　(2)使う　(3)見せる

第2章　「作る」担当者のためのエクセル戦略①　有形テクニック編

1．有形テクニックとは ………………………………………… 18

2．必要なデータは「データベース化」しよう ……………… 19

(1)エクセルは「データベース」と「報告用資料」に分けて整理する

(2)全社月次PL・部門別月次PL・売上KPIはデータベース化しよう

(3)データベースファイルは完全一致のフォーマットで

3．すべてのマスターを一元管理する最強のデータベース

「マスター・オブ・マスター」 ……………………………… 25

(1)マスター・オブ・マスター　(2)勘定科目マスター

(3)事業部門マスター　(4)商品カテゴリマスター　(5)カレンダーマスター

4．新しいファイルを作る前に決めておこう ………………… 29

(1)保存先　(2)タイミング　(3)構成　(4)事後処理

v

5．誰が見ても分かるシートの作り方 ……………………… 34

(1)順番とグルーピング　(2)名前　(3)システムから出力した場合

6．作業マニュアルは必要ない ………………………………… 38

7．表作成のキーワードは「規則性」………………………… 40

(1)グルーピング　(2)流れ　(3)期間　(4)内容　(5)金額単位　(6)グループ化

8．エクセルで使う「色」のルール ………………………… 47

(1)色の重要性と可能性　(2)原則　(3)効果　(4)シートタブへの応用　(5)条件付き書式　(6)ポイント

9．難しい関数は使わない ── 場面別で理解する関数 ……… 53

(1)原則　(2)「作る」ための関数　(3)「使う」ための関数　(4)「見せる」ための関数　(5)関数のまとめ

10．エクセルにはたらいてもらうためのセル入力の作法 ………… 63

(1)1セル1データ　(2)文字列と数値　(3)単位の付け方　(4)スペースは入力しない　(5)端数処理問題　(6)計算式は数字をベタ打ちしない

第3章　「作る」担当者のためのエクセル戦略②
無形テクニック編

1．「跡が残らない」無形テクニックこそが業務効率化の鍵になる
 ………………………………………………………………………… 70

(1)無形テクニックとは　(2)無形テクニック習得のコツ

2．経理担当者のための5大ショートカットキーはこれだ ……… 72

(1)ショートカットキーの仕組み　(2)経理の基本作法5大ショートカット
(3)1手の違いにこだわる　(4)職人にならない

3．さらなる効率化を目指すときには「ショートカットキーもどき」……………………………………………………………… 82

4．ショートカットキーを使いこなすための3ステップ ………… 85

(1)特定する　(2)調べる　(3)覚える

5．無形テクニックの原則 …………………………………… 90

(1)「動かない」　(2)「動かさない」　(3)「止めない」

6．「職人技」に頼らない ……………………………………… 95

7．手入力よりもコピペを極める ………………… 97

(1)王道の３種類　(2)金額単位を千円に変更したい　(3)横の表を縦にしたい　(4)リンクを効率的に貼り付けたい

8．置換を使って「繰り返しミス」を防ごう ………………… 104

9．手で入力するコツ ………………… 108

(1)セル移動はエクセルにまかせる：TabとEnterの違い　(2)少し教えて残りはエクセルに：オートフィル　(3)修正したいときはF２が便利

10．リンクされた数字を更新する ………………… 111

(1)「リンクの編集」画面は司令塔　(2)ファイルを開かないで更新する

(3)ファイルを開けずにリンク元を変える　(4)数字が確定したら固定する

11．データを調べる、理解する ………………… 113

(1)検索　(2)ピボットテーブル　(3)並び替え　(4)フィルタ

第4章 **「作る」担当者のためのエクセル戦略③**
確認テクニック編

1．エクセル版コントロールでミスを防ぐ ………………… 120

2．間違えないための仕組み「予防的コントロール」 ………………… 121

(1)チェックセル（TRUE/FALSE）　(2)合計・利益・構成比　(3)絶対参照

(4)計算式の作り方　(5)置換

3．ミスを見つけるための取り組み「発見的コントロール」 ………………… 126

(1)ベクトルテスト　(2)モデルテスト　(3)トレーステスト

4．提出前の「ロジックチェック」と「ストーリーチェック」は
欠かさずに！ ………………… 130

(1)２つのチェック視点　(2)ロジックチェック　(3)ストーリーチェック

(4)チェックの順番

5．チームで効率化と正確化に取り組むために ………………… 133

vii

第5章 「使う」部門内で押さえておきたいエクセル戦略

1. 安心してファイルを「使う」ための3条件 ……………… 136
(1)正確性　(2)最新性　(3)発見可能性

2. 理想のフォルダ体系は「モレなく、カブリなく」 ………… 139
(1)MECE（ミーシー）　(2)実務原則その1：複製のしやすさ　(3)実務原則
その2：相互参照のしやすさ

3. フォルダ体系には勘定科目を活用する ………………… 141
(1)勘定科目は経理の「共通言語」　(2)作成のポイント

4. 運用しやすいフォルダ体系のための5つのヒント ……… 145
(1)勘定科目にこだわりすぎない　(2)関連する勘定科目は同じフォルダに
まとめる　(3)すぐに使わないフォルダも用意する　(4)フォルダ名にナン
バリングを追加する　(5)フォルダ名は分かりやすく

5. 切り替えのタイミングは焦らずに ……………………… 148

6. 「最新版」「最終版」のバージョン管理は徹底しよう ……… 150
(1)「履歴」サブフォルダ　(2)「元データ」サブフォルダ　(3)「提出済」
サブフォルダ　(4)フォルダ管理のまとめ

7. 「時点」「内容」「役割」で中が見えるファイル名を付けよう
……………………………………………………………… 155
(1)ファイル名の付け方の3要素　(2)時点　(3)内容　(4)役割　(5)ファイル
名の付け方のまとめ　(6)ファイル名の実務上の注意点

8. 使う用語は統一する …………………………………… 159

9. フォルダ内のファイルの数は7つまで ………………… 161
(1)ファイル数の目安は「マジックナンバー7」　(2)月次ファイルの扱い

第6章 「見せる」経営者に報告するためのエクセル戦略

1. 「見せる」相手を想像しよう …………………………… 164
(1)「見せる」相手は社内と社外　(2)相手は、情報の非対称性が大きい
(3)相手は、時間がない　(4)報告用資料作りは、数字から言葉への翻訳

2．報告用エクセルの基本フォーマット ··················· 167
(1)エグゼクティブサマリを冒頭に　(2)金額の単位は大きく　(3)タイトルを忘れない　(4)運用は継続する

3．より見やすくするための３つのコツ ··················· 172
(1)色　(2)フォント　(3)グラフ

4．経営者が喜ぶ報告の仕方 ····························· 176
(1)分析コメント　(2)要因分解　(3)結論と提案

5．パワーポイントとエクセルどちらで作る？ ············· 180
(1)社内報告は通常パワーポイントが使われる場合　(2)社内報告は通常エクセルが使われる場合

6．新たな報告用資料の作り方 ··························· 183
(1)報告用資料の形を設計する　(2)データ元を決める　(3)エクセルで作る　(4)リンクを貼り付ける　(5)チェックする　(6)保管する

7．既存の報告用資料を更新する ························· 188
(1)データのリンク元の変更　(2)チェックする

8．「見せる」エクセルにもデータベースを活用しよう ·········· 190

9．経営者への報告は準備が肝心 ························· 194
(1)時間配分　(2)事前に準備すべきこと

第7章　実務の悩みと経理エクセル勉強法

1．マクロは効率化につながる？ ························· 200

2．RPAは導入した方が良いの？ ························· 202

3．チームでの業務改善は何から始める？ ················· 204

4．経理エクセルの知識には２種類ある ··················· 206
(1)自分に合った知識をまとめてインプットする　(2)基礎知識と個別知識の２つを区別する

5．実務ではヘルプと周囲のエクセルマスターを活用する ······· 208
(1)分からないことはまず「ヘルプ」で調べる
(2)周りのエクセルマスターを活用する

6. 定着させるにはカスタマイズや試験が効果的 ·············· 210

(1)自分用に知識をカスタマイズする　(2)きちんと習得したい人は、MOS
試験も有効

7. タイプ別のおすすめ書籍 ···························· 212

(1)予算管理業務が多い人　(2)中堅規模の会社の人　(3)関数を学びたい人
(4)ショートカットを学びたい人　(5)映像で学ぶのに慣れている人

巻末附録1　3つの場面別で押さえる！エクセル関数21選 ······ 216
巻末附録2　13のグループ分けで覚える！エクセルショート
　　　　　カット45選 ······························· 218
　　　　　●移動のショートカット18選
　　　　　●作業のショートカット27選

※本書内では主にWindows版のMicrosoft Office 365（Excel2019）の画面を使
　用して解説しています。そのため、ご利用のExcelやOSのバージョン等によっ
　ては配置の違いや記載内容が対応していない場合もございますので、ご了承く
　ださい。
※本書内に記載されている商品名、製品名などは一般に各社の登録商標または商
　標です。また、本文中では®、™マークは明記しておりません。

x

第1章

エクセル戦略があれば経理業務は成功する

1. 経理とエクセルのツカエル関係
2. エクセル活用で業務の「時間」と「ミス」が減る
3. エクセル「戦略」なくして成功なし
   〜経理実務に活かすエクセル戦略3箇条〜
4. 3つの場面分けを意識する

経理とエクセルのツカエル関係

「『経理にとってのエクセル』といわれても、考えたこともないよ」という人も多いでしょう。当然です。ようやく月次決算が終わったと思ったら、もう次の月次決算が目前。息つく間もない日々を、私も経理として過ごしてきました。時間がいくらあっても足りない状況ではエクセルという「ツール」なんぞについて考える余裕はありません。

また、幸か不幸か、経理は月次決算や四半期の開示など年間サイクルが決まっており、イベントが定型化されています。そのため、前回のフォーマットをコピー＆ペーストして今回の数字を入力すれば、正直なところ作業としては足りてしまう場合が大半です。会計基準など、検討が必要な事項はそれほど頻繁に変わらないため、大きな問題が生じないのだと思います。つまり、「前例踏襲」で大体なんとかなる実情も、経理にとってのエクセルを考える上での現実だといえます。

これが多忙な経理の現実であるとはいえ、決して理想的な状態ではありません。そこで、経理業務の特性の観点から、経理にとってのエクセルに求められる姿を図表に沿って考えてみましょう。

● 経理業務の特性とエクセルの関係

経理業務の特性
①会計システムの使用
②業務にかかわる人数の多さ
③定型化された年間スケジュール

エクセルに求められるもの
①エクセルと会計システムの使い分けと連携
②後工程での活用度、相手にとっての分かりやすさ
③標準化、事前準備

(1) 会計システム

まず、業務の根幹に会計システムが存在することが、経理業務の大きな特性として挙げられます。経理が業務で使用するシステム数は平均4つという話を聞いたことがありますが、その中で圧倒的によく使うのは、もちろん会計システムです。会計システムの中で操作するだけでなく、そこからデータをダウンロードまたはエクスポートし、エクセルで加工する場面も非常に多いです。そこで、エクセルのあり方を考える上で重要なのは、**エクセルと会計システムの使い分けを明確にすること**です。つまり、会計システムの機能でどこまでカバーして、エクセルではどの部分をカバーするのかをハッキリさせる必要があります。

また、会計システムとエクセルを使い分ける場合、どのように連携させるかについてもよく考える必要があります。例えば、会計システム上のデータの一部を、人が目で見てエクセルに入力する作業をしている場面を見かけます。もちろんこれも連携のカタチの1つですが、あまり望ましいケースではありません。理由は後ほど詳しくお話ししますが、**連携方法を正しく設計することも大切です**。

第1章　エクセル戦略があれば経理業務は成功する

(2) 人数の多さ

　次に注目したい経理業務の特性は、業務上で関わる人の数が極めて多い点です。社内の各部門の協力なしには業務はできず、社外の関係者が関わることもあります。例えば、経費の精算は経費精算システムを通じて各人が行い、各部門の請求書の処理は部門ごとに支払システムに対して行う業務フローが一般的です。決算の段階では、棚卸を行うのに商品管理部門や物流部門の協力が必要で、貸倒引当金の見積りには営業部門の協力が欠かせません。ようやく決算が締まった後は、CFOや役員に報告する必要があります。

　このように、起票、決算、報告、開示という一連の流れの中で、経理はたくさんの人と関わり、協力を得る必要があるのです（余談ですが、経理は社内の人脈ができる上、若手でも役員に接する機会があるため、将来異動しても活躍しやすいおトクな職種だと思います。）。したがって、それぞれの段階だけではなく、次の段階でも**多重に活用できる形でデータを作れば効率的**です。また、他部門の人は経理パーソンほど会計知識が多くありませんから、扱うデータは、そういった人でも理解できるフォーマットにする必要があります。

(3) 年間スケジュール

　もう1つの経理業務の特性は、あらかじめ決まった年間スケジュールが業務の骨格として存在する点です。例えば、開示であれば、アウトプットすべき期限や形が、法律や会計基準で明確に決まっています。つまり、**ゴールの期限と形があらかじめ定まっているため、標準化がしやすい**のです。また、大半の作業は継続して行われるため、過去のフォーマットを反復して活用しやすく、標準化の効果が出やすいといえます。

　期限が決まっていることのもう1つのメリットは、**いつ必要なのかに合わせて、事前準備に取り組みやすい**ことです。決算作業期間に入

ってから、エクセルファイルをコピーして作成し、期間名の表記を変える作業をしている会社を見かけます。しかしそれは本来、事前に準備できる作業のはずです。エクセルファイルに関する作業を種類毎に区分し、どの部分をいつ準備するかを工夫すれば、繁忙期に作業が集中しないようにすることもできるのです。

　このように経理業務の特性を改めて見てみると、確かにエクセルを通じて業務改善が可能だという感想を抱くのではないでしょうか。経理のベテランから見れば、これらの特性は何も目新しいものではありません。そして、エクセルが業務改善のカギを握ることも十分理解されていると思います。それでも実際には、多くの会社で改善への取り組みがなされず、自転車操業に苦しんでいる経理部門が多いのはなぜなのでしょう。

　最もよく聞こえてくるのは、「エクセルの改善に取り組む時間がない」という声です。実務経験者としてその実情と気持ちはとてもよく理解できますが、実は時間は原因ではありません。**「時間がないから取り組みができない」**のではなく、**「取り組みをしないから時間がない」**、つまり順番が逆なのです。もちろん、大きな取り組みをするためには、ある程度の時間が必要になります。そこでまず最初は「小さな取り組み」から始めてみましょう。ここは、実務において極めて重要な、成否を分けるコツです。ほんの少しの時間を何とか確保して、小さな取り組みを行い、小さな改善をする。その結果、時間と気持ちに少しだけ余裕ができる。生まれた時間を別の取り組みにあて、さらなる改善を行う。このような良いサイクルを回し続けることで、初めて時間が生まれるのです。この本では、始めに手掛けるのにハードルの低い小さな取り組みも紹介していきます。

● 業務改善の好循環のイメージ

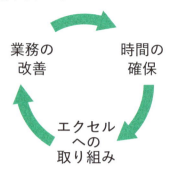

　エクセルの改善に取り組むために、まずは少しの時間を見つける。これを皆さんになじみのある会計用語で表現するなら、一時の「費用」ではなく、将来にわたって貢献してくれる「投資」です。それも、始めは元本が小さくても、ファイナンスの複利効果のように時間とともにどんどん大きくなって効いてくる、有益な投資なのです。

エクセル活用で業務の「時間」と「ミス」が減る

　エクセルを活用することで、業務はどのように変わるのでしょうか。大幅に減るものがあります。それは、「時間」と「ミス」です。

(1) 労働時間が減る

　ショートカットキーに代表されるエクセルスキルを身に付けると、入力などの単純作業にかかる時間が減ります。これは主に作成担当者が実感する効果ですが、エクセル活用の効果はそれだけではありません。

　業務の引継ぎを受ける際に、他人が作成したエクセルファイルを見て「読み解く」のに時間がかかった経験を持つ人は多いと思います。これは、他人が作ったエクセルの資料が、自分の作り方と同じではないために生じることが大半です。**最も効率的なやり方を部門内で共有できれば、理解のための時間を削減できます**。上司からの質問も同様です。作成方法について共通理解があれば、疑問が少なくなり、質問をする上司側の時間も、回答する部下側の時間もカットできます。

　そして、実務でしばしば起こるのは、「ファイルがどこにあるのか分からない」という状況です。ファイルのありかが分かる担当者は打合せ中なので、席に戻ってくるまで待たなければいけない。私も何度もそんな経験をしました。もちろん、担当者が席に戻れば解決はしますが、本来であれば、もっと早くに仕事に取り掛かれたという点では時間のロスともいえます。似た事象に、「どのファイルが最新版か分からない」問題というのもあります。これらに共通する原因は、「**ファイルやフォルダの運用ルールが決まっていない**」か「**ルール通りに運用されていない**」ことです。こういったトラブルは、エクセルに限った話ではありませんが、経理業務とは切っても切り離せない問題と

いえます。

　エクセルを中心とした実務に関わる仕組みを見直すことで、仕事におけるムダな時間の削減が可能になります。エクセル活用というと、作業担当者の作業時間が減るという文脈で語られるのが一般的ですが、それだけではありません。活用方法次第でともに働く同僚や上司の時間削減にもつながります。このように、何重にも効果が出ることだからこそ、エクセル活用に取り組む価値は大きいといえます。

(2) ミスが減る

　もう1つ削減されるものは、「ミス」です。例えば、便利な関数を活用すると、自分でゼロから複雑な計算式を作るよりもミスが減るのは、想像がつくでしょう。**経理業務における「ミス」が引き起こす最も大きな問題は、経理パーソンとしての「信頼」を失うことです。**

　経理パーソンは、正しく数字を計算し、それを届けるのが当たり前。社内からも社外からもそう期待されているため、間違えた場合の打撃は、実は、当人が考えているよりも大きいものです。とりわけ、経営者の多くは、経理の実務経験がありません。そのため、なぜ間違えるのか想像がつかず、ミスに対して厳しい姿勢になる場合も多いようです。そんなとき実務者としてはやり切れない気持ちになりますが、まずはミスをなるべく減らそう、とくに、大きなミスはしないよう、エクセルを有効活用するのが現実的な対応策です。

　また、ミスをした場合、先ほど説明した「時間」にも影響を与える点は見逃せません。計算ミスをすれば、そのミスを修正すると同時に、迷惑をかけた相手に謝罪し、原因を究明して報告、そして再発防止策を検討する必要が生じます。これら一連の流れには、膨大な時間を取られます。大きなミスであればあるほど費やす時間も大きくなるので、作業時間の観点からも、ミスはしない方が効率的なのです。

　ミスの再発防止策として何をするか、というのも実務者にとって重要なポイントです。再発を確実に防ぎたいと考える強い思いから、

「同じ作業を2人で別々に実施し、照合する」防止策を採用したケースがありました。ミスが発生する可能性はある程度減りますが、残念ながらゼロにはならず、根本的な問題解決に至っていません。ミスの背景には、ミスを誘発する作業工程があったはずです。したがって、作業方法自体を見直すことが最も重要なのです。つまり、同じ方法で業務を続けていたら、いくら複数人で検証作業をしても、効果は薄いといえます。

このように、**エクセルによる業務改善は、私たち経理パーソンにとって大事な「時間」を確保し「ミス」を減らすと同時に、「信頼」を育てる結果につながる**のです。

この本では、
・時間を減らす＝「業務効率化」
・ミスを減らす＝「正確性向上」
この2つの目的を両立させるために、経理のためのエクセルを一緒に考えていきたいと思います。

3. エクセル「戦略」なくして成功なし
～経理実務に活かすエクセル戦略3箇条～

　この本のすべての章に共通するポイントは、「**自分の実務で本当に必要なエクセルスキルを身に付けるべき**」という点です。自分が実務で使いそうもない知識やスキルは、身に付けても意味がありません。それどころか習得にかけた時間まで失うのです。まずは、自身の業務の特性を理解した上で、少しずつ自分に必要なエクセルスキルを身に付けるのが、多忙な皆さんにとって最も効率的な方法です。

　ここでは、経理実務に活かすエクセル戦略3箇条をご紹介します。

(1) 手よりも頭を使う

　エクセルというと、ショートカットをはじめ手を忙しく動かすイメージを持つ人も多いと思います。しかし、本当に大切なのは、**手を動かす前の「前さばき」**です。例えば、エクセルで表を作るときには、まず白紙に手書きで設計図を書いて、それをファイルに落とし込みましょう。業務の慌ただしさから、どうしても最初からエクセルで作成しがちですが、ぜひ一息ついてまずは全体像を捉えるようにしてみてください。「急がば回れ」で、その方が結局は時間短縮につながるのです。

(2) 数字から言葉への「翻訳」

　私たちがエクセルで扱うのは、数字です。ただし、**経営者の方々が本当に知りたいのは、数字自体ではなく、数字が意味していること**です。この点については、第6章で詳しく説明します。また、社内には会計の知識がまだ足りず、日常の判断や経営の意思決定に数字をうまく活用できない人もいます。ぜひ経理パーソンとしての知識やスキル

3. エクセル「戦略」なくして成功なし 〜経理実務に活かすエクセル戦略3箇条〜

を活かして、数字を分かりやすい言葉に「翻訳」しましょう。エクセルは、その翻訳を効率的にサポートするツールでもあるのです。

(3) 毎日0.3%改善で、1年後2倍の変化

業務改善の効果を、具体的な数字にして考えてみましょう。毎日たった0.3%ずつでも改善を続ければ、複利効果で1年後には2倍になります（ちなみに、エクセルで確かめる場合の計算式は、「=（1+0.003）^240」です（月に20日を仕事日と仮定）。"^" は累乗の計算に使います。つまり、^の前を240回掛け算するという意味です。POWERという関数を使う方法もあります。）。この数字から分かるのは、**「日々の改善は小さくてよい」**ということです。むしろ、経理パーソンの多忙な日常を考えると、その程度が現実的と割り切った方がよいでしょう。とくに、年度末決算などの繁忙期に無理は続きません。1日1つの小さな改善に取り組む、その程度で十分です。

世の中には、関数やショートカットなどのテクニックの紹介があふれ、「戦術」を知る機会は過剰といっていいほど多いのが現実です。戦術を活かすには、業務の特性やチームメンバーのエクセルスキルなどを踏まえた、エクセル**「戦略」を持つ必要があります。戦略がないところに、成功はありません。**ぜひ、ご自身のエクセル戦略を考えてみてください。

4. 3つの場面分けを意識する

　前述した通り、経理パーソンは社内外ともに関わる人の数が多く、関わり方も様々です。その具体的な場面を、作成する資料の観点から考えてみます。経理部門がエクセルで作った資料は、どのようなプロセスをたどるのでしょうか。場面ごとに整理したのが次の図です。

● エクセル活用の「3場面」

　まず、言うまでもなく、担当者がエクセルを駆使して資料を作成する場面があります（「①**作る**」）。続いて、担当者が作成した資料を経理部門の他のメンバーが参照したり、上司がチェックしたりする場面があります（「②**使う**」）。その後、出来上がった資料を役員や他の部門の人に提供したり説明したりという活用の場面があります（「③**見せる**」）。

　このような「作る」「使う」「見せる」の流れが、エクセルの典型的な生涯といえます。ただ、よく見てみると、エクセル人生の最終目的が「使う」にある資料と、「見せる」にある資料に分かれるのです。例えば、貸倒引当金の計算資料は、「使う」を目的とした資料です。よって、どのような前提で計算されたのかが重要です。上司は、計算過程をなぞり、計算された金額の大きさに違和感がないことを確認し、会社として問題がないかチェックします。その結果、問題がなければ貸倒引当金の伝票が起票されます。一方で、月次決算の役員報告資料は、「見せる」を目的とした資料です。会計知識が十分ではない

場合もある役員に、月次の業績を正しく理解してもらい、今後の経営に活かしてもらう必要があります。

また、経理部門の資料には、誰に向けた何のための資料なのかという観点が抜け落ちているケースがしばしば見られます。万人向けの資料は、実は誰にとっても中途半端な利用価値しか提供できないのです。そこで、強くおすすめしたいのは、**目的がどの場面にあるのかを明確に意識し、メリハリをつけたエクセルの資料作り**です。

つまり、「作る」「使う」「見せる」の3場面それぞれの目的を意識して、エクセル資料を作り分けることがとても重要です。場面が変われば利用者の目的も変わり、押さえるべきポイントが異なってくるからです。

さらに、会計知識の量は利用者によって異なるので、どのような表現が適切かも変わってきます。例えば、会計システムから出力したそのままの損益計算書を、経営陣に提出してよいのでしょうか？会計システムから出力される帳票は、私たち経理パーソン向けに作られた情報量がとても多いデータです。経営陣にもこれをそのまま使ってもらえれば、私たちは楽です。しかし、残念ながらほとんどの場合経営陣にとって、生のデータはそのままでは理解が難しく、扱いにくいものです。ですから、多くの会社では、勘定科目を集約したり色を付けたりして、経営陣が見やすいように体裁を工夫しているでしょう。前述した通り、万人向けの資料は誰にとっても中途半端な価値しかありませんから、どの資料も、場面や相手に応じたカスタマイズが必要になってきます。

それでは、場面別に押さえるべきポイントはどのようなものか見てみましょう。

第1章　エクセル戦略があれば経理業務は成功する

(1) 作る

　「作る」とは、各担当者が資料を作成する場面です。ここで押さえるべきポイントは、**「正しさ」**と**「速さ」**です。私たち経理パーソンが届けるのは、外部に開示し、同時に、社内の意思決定に使う情報ですから、常に正しくなくてはいけません。また、外部に公表する期限が決まっている場合も多いため、作成する速さも重要です。内部の意思決定に使う場合でも、必要なタイミングで経営陣の手元に資料や数字を届ける必要があります。

　私たち経理パーソンは、日頃から法定期限に追われがちですが、実は、社内の期限もとても重要です。経営陣や他部門が数字を欲しがるのは、それを使って今後の会社運営に役立てようとしているからです。つまり、**会社の将来的な業績改善につながるのは、実は社内向けの情報提供**なのです。多忙な経理業務の中、社外と社内の要求にともに対応するのは、現実にはなかなか難しい面もあります。社内のニーズに応えるためには、まずは少しでも速さを磨くことから始めてみましょう。

(2) 使う

　次の場面は、「使う」です。「使う」とは、作成された資料を上司が確認したり、同僚が数字を利用したりする経理部門内の場面のことです。

　上司が確認する目的は、間違っていないかどうかをチェックすることです。したがって、「使う」場面でも「正しさ」を見ているといえますが、ここでは正しいことを「確認する」程度に過ぎません。正しさというのは、基本的には「作る」場面で担当者が自分で押さえるべきポイントだからです。

　稟議書に5個も6個も判子が並んだ書類を、会社の中で見かけることがあります。これだけの人が関わって、それぞれ何をどのように確

認しているのでしょうか。複数人で確認しようとすると、それぞれの確認の観点も、責任の所在も不明確になってしまいます。多額の投資を承認する稟議書ならともかく、経理業務内で出てくる資料であれば、原則として作成者が自らチェックまでできるようにすべきです。その具体的なチェック方法は、以降の章で詳しく扱います。

「使う」で押さえるべきなのは、「正しさ」よりも「分かりやすさ」です。それも、使う人が自分でデータを見つけ、その中身を理解できる「分かりやすさ」が大事です。使う人たちとして想定しているのは経理部門内の人間ですから、基本的な経理や会計の知識はあります。

つまり、必要なのは、この人たちが**自分の業務を自分のペースで進められる「分かりやすさ」**です。P.7で、「●●のファイルはどこにある？」「これ最新データ？」というやりとりが経理部門内でよくあると述べました。このような非効率な問題をなるべく減らすのが、ここでの「分かりやすさ」だとイメージしてもらうとよいでしょう。

(3) 見せる

「見せる」のポイントも、先ほどの「使う」場面と同じく「分かりやすさ」です。しかし、その意味合いは少し異なります。「見せる」場面での「分かりやすさ」は、**資料を見た相手が、自分が必要とする情報をスムーズに取り出せる状態**を指しています。

繰り返しになりますが、経理部門が資料を見せる相手は、比較的、会計知識が少ない場合が大半です。そのような人が経理が作る資料を見る目的は、自分の業務のために欲しい情報の入手と、今後の業務への活用です。その目的が達成されるには、資料を見る人が有用な情報を手に入れられる「分かりやすさ」が必要であり、それこそが資料の存在意義です。そのために、相手の会計知識のレベルに合わせて、**「翻訳」した資料**を作る必要があります。

以上の通り、このような場面ごとのポイントを実現できる資料作成

第1章　エクセル戦略があれば経理業務は成功する

こそが、経理のエクセル活用におけるゴールといえます。エクセルを利用する機会はあまりに多く、また日常があまりに忙しいため、常にこのゴールへの意識を持つのは難しいかもしれません。ですが、逆に捉えると、限られた時間の中で効率よく効果的にエクセルを活用するために、これらは外してはいけないポイントなのです。

● 場面別のポイント

	①作る	②使う	③見せる
WHO	担当者	上司・担当者	経営者・他部門・社外
POINT	・正しさ ・速さ	（・正しさ） ・分かりやすさ(必要な情報のありかが分かる)	・分かりやすさ(ビジネス上の意味合いが分かる)

16

第2章

「作る」担当者のためのエクセル戦略① 有形テクニック編

1. 有形テクニックとは
2. 必要なデータは「データベース化」しよう
3. すべてのマスターを一元管理する最強のデータベース「マスター・オブ・マスター」
4. 新しいファイルを作る前に決めておこう
5. 誰が見ても分かるシートの作り方
6. 作業マニュアルは必要ない
7. 表作成のキーワードは「規則性」
8. エクセルで使う「色」のルール
9. 難しい関数は使わない——場面別で理解する関数
10. エクセルにはたらいてもらうためのセル入力の作法

1. 有形テクニックとは

　この章では、エクセルの「有形テクニック」についてお話しします。**有形テクニックとは、他の人が後からエクセルファイルを見ても確認することができるワザ**のことです。例えば、関数は、セルにカーソルを持っていくこと（「アクティブにする」ともいいます）で、どのセルを計算要素としてどのような関数が使われているのかを確認することができます。有形テクニックの特徴は、他の人が理解しやすく、エクセル学習の点ではまねしやすいことにあります。

　有形テクニックは、マクロからミクロの流れで見ていきます。まず、私たち経理パーソンは多くのデータを扱うので、これを効率的に管理するのに役に立つ「データベース」を説明します。ここには、マスター類を一元化した「マスター・オブ・マスター」も含まれます。そして、ファイル、シート、表の作成を効率的に行うためのポイントに触れます。また、経理パーソンの多くが活用しきれていないと筆者が感じている色についても、一緒に考えてみましょう。経理パーソンが日常使うことが多い関数も、もちろん外せません。そして、最後は、経理パーソンとしてエクセルという表計算ソフトを最大限活用するための作法にあたるセルの入力方法もお話しします。

必要なデータは「データベース化」しよう

(1) エクセルは「データベース」と「報告用資料」に分けて整理する

　実務では、システムからデータを落としてきて、これを加工・集計し、報告用資料に仕上げるという仕事がしばしば発生します。しかし、このやり方では、せっかく落としてきたデータは加工されてしまっているため、他の用途に再利用することができません。また、その都度報告用資料の体裁を考えるのも、時間がかかってしまいます。

　このような悩みを解消するためには、エクセルを2種類に分けて整理するといいでしょう。それは、「データベース」と「報告用資料」です。データベースは「中身」、報告用資料は「箱」と言いかえると分かりやすいかもしれません。

　全社PLのようによく使うデータはあらかじめシステムからダウンロードしておきます。そして、**社長報告用PLのように、よく報告する内容は、あらかじめ体裁を決めておきます**。こうすることで、「箱」である報告用資料に、「中身」のデータベースを組み合わせれば、報告用資料が完成します。

● エクセルとシステムの関係

	会計システム	データベース	報告用資料
媒体	システム	スプレッドシート	スプレッドシート
機能	保管	保管	表示
データ量	非常に多い	中（高頻度利用分のみ）	ごく少（必要分のみ）

(2) 全社月次PL・部門別月次PL・売上KPIはデータベース化しよう

　3場面のポイントを踏まえ、具体的にどのようなエクセルファイルを作ったらよいのかを見ていきます。まず、「使う」「見せる」のために、ぜひ作っておきたいのが「データベース」です。よく使うデータを、データベースとして会計システムの外に出してエクセルで保管すると、業務効率は大幅に上がります。

　データベースは、私たち経理パーソンにとって重要な「正しさ」と「速さ」の確保にも役に立ちます。「正しさ」と「速さ」の大切さは、前章の「作る」の説明で触れた通りです。では、実際にどのように役立つのでしょうか。例えば、会計システムからデータや数字を落とすときには、会社コードや期間などのパラメータを入力または選択します。そのパラメータ選びを間違える恐れがあり、経験の浅いメンバーの場合はさらにその可能性は高まります。これは「正しさ」を失う結果へとつながります。

　また、会計システムの起動には時間がかかります。よく使うデータというのは、自分も何度も必要としますし、経理部門内の他の人も使う可能性が高いものです。このように、部門全体で考えるとさらに膨大な時間がかかっています。つまり「速さ」を失っています。データ

を会計システムからダウンロードする作業は、繰り返すことに価値がありません。**部門全体で「反復」している作業をなくす**というのも、業務の効率化においてとても重要な考え方であり、この点でもデータベースが役に立つわけです。

「よく使うデータ」といっても、一体どのようなデータを対象にすればよいのでしょうか。会社ごとにそれぞれ異なる部分はあるものの、以下の3つは汎用的なので、ぜひデータベースとして用意することをおすすめします。

● データベース化すべきもの

> ・全社月次 PL
> ・部門別月次 PL
> ・売上 KPI

なお、売上KPIの期間の単位は、経理部門であれば基本的に**月次**で構いません。小売業など日々売上が計上される事業の会社については、必要に応じて**週次**または**日次**で用意するとよいでしょう。

これら3種類のデータについて、まずは**前期実績**と**当期実績**を用意しましょう。経理実務においては、比較をよく用います。そのため、必ずといっていいほど前期の数字を当期の数字と一緒に載せるからです。それができたら、前々期など3〜4期分用意すると、過去の推移を見たいときにもデータベース1つあれば済みます。

すべての会社に共通する3種類に加えて、自社特有のよく使うデータを用意することも効率化につながります。例えば、製造業であれば社内で売上（製造）原価の内訳が注目されますし、サービス業であれば人件費に注目が集まります。自社の業務に特徴的な費用というのはどの業種でも1つ2つ必ずあります。これらは、売上に占める比率が高く、業績に与える影響が大きい費用でもあります。そこで、こうい

第2章 「作る」担当者のためのエクセル戦略① 有形テクニック編

った費用の内訳を確認できるデータベースも併せて作りましょう。

　自分の会社では、どの費用や項目が特徴的と言えるのか分からない場合もあるかもしれません。その場合には、経営者や他部門からの資料依頼を1か月分程度リストアップしてみてください。具体的には、誰から何を依頼されたのか、どの資料を提供したのか、そして相手は何に活用したのかといった点を押さえましょう。そうすると、一定の傾向が見えて、自社に特徴的な費用や項目が分かるはずです。

　「パレートの法則」という言葉を聞いたことがあるでしょうか。売上金額の8割は2割の商品品目で構成される傾向にあるという経済学の法則です。データの依頼についても同じことが言えます。つまり依頼内容というのは意外と偏っており、一定の傾向があるのです。これは、その都度依頼に答えていると見えてこない点です。実際に、前述の依頼の分析をしたところ、5つのデータベースを整備することで依頼の8割に対応できたという事例があります。8割でよいのか気になるかもしれませんが、**業務効率化を進める上では、100%を目指さず、まずは「マス」（大部分）を解決することを目指すのが大事**です。せっかくやるならと完璧を目指すのは、真面目な人が多い経理パーソンにありがちなのですが、実はこれが途中で挫折する要因となることが多いものです。

(3) データベースファイルは完全一致のフォーマットで

　それでは、データベースはどのような形式で作ったらよいのでしょうか。データベースと呼ぶからには、複数年分など、類似したデータが複数存在するわけです。ポイントは、**これらのデータの形式を完全に合わせること**にあります。前述した全社月次PLの例でいえば、「全社月次PL」というエクセルファイルを作り、年度ごとにシートを並べます。そして、年度ごとのシートは「完全に同じ形式」にします。完全に同じ形式とは、例えば、年度の営業利益は、どのシートでも同じセル番号にある関係ということです。

2. 必要なデータは「データベース化」しよう

● データベースファイルのイメージ

そこまで完全一致にこだわる理由は、データベースの数字を使って資料を作る際の「**正しさの確保**」と「**速さの向上**」のためです。例えば、前期と当期について、売上と営業利益を比較する表を作るとします。全社PLのデータベースがあれば、このファイルから必要なすべての情報を取ることができます。このとき、前期と当期の売上や営業利益が、異なるシートであっても同じセルの位置にあればリンクを張りやすいのです。

具体的に説明すると、前期の列に売上と営業利益のリンクを張ったら、当期の列にも前期の列からコピーして貼り付けを行います。そして、当期の列についてはリンク元を前期のシートから当期のシートに置換機能を使って変更しましょう。こうすれば、セルの位置の細かい調整が不要のため、間違いづらく、また時間もかかりません。

● 年間PL比較の例

	前期	当期
売上	=全社PLファイル前期シート$L$3	=全社PLファイル当期シート$L$3
営業利益	=全社PLファイル前期シート$L$27	=全社PLファイル当期シート$L$27

①リンクを張る　　② ①をコピーして貼付
　　　　　　　　　③「前期」を「当期」に置換

第2章 「作る」担当者のためのエクセル戦略①　有形テクニック編

　このデータベースで実現できる最も大事な点は、正確性の向上です。いわゆる「リンクミス」は、「経理エクセル3大あるあるミス」の1つだと感じていますが、「ミスをしても仕方がない」では済まされないので、何らかの対策を取る必要があります。完全一致のフォーマットにより、このミスを防止し、さらには「正しさ」と「速さ」という私たち経理パーソンにとって重要な2つのポイントを両立できるのです。

　データベースを作る上では、他にも留意点があります。まず、会計システムから落とした帳票のままだと分かりにくいので、多少形式を整えた方がよいでしょう。例えば、会計システムでは5月度のことを「会計期間02」などと記載している場合があります。この場合、データベースでは「5月」と表示を直しましょう。また、会計システムに勘定科目が新たに追加になった場合の対応も注意が必要です。前述の通りにシートを完全一致させるために、前期のフォーマットにも勘定科目を追加してください。

　データベースを取り入れた後、運用する際のポイントは、数字を更新するタイミングにあります。**数字の更新は、その数字が確定したらすぐに行うようにしてください。**例えば、売上のKPIであれば売上金額の確定直後、PL関係であれば月次決算の確定直後です。これを徹底しないと、「データベースを使おうと思ったのにまだ更新されていない」ために、結局自分でデータを落とす作業が発生します。つまり、せっかくのデータベースの存在意義がなくなってしまうのです。これを防ぐために、データベースへの数字の更新作業は、月次決算の作業項目に含めるのが確実です。

すべてのマスターを一元管理する最強の データベース「マスター・オブ・マスター」

(1) マスター・オブ・マスター

　3種類の代表的なデータベースに加え、実は最も作成をおすすめしたいデータベースがあります。それは、**「マスター・オブ・マスター」**です。マスター・オブ・マスターとは、**すべてのマスターを一元管理するデータベースファイル**を指します。英語表記の"Master Of Master"を略して**MOM**（モム）とも呼ばれます。

　経理部門内には勘定科目コードや事業部門コードに代表されるたくさんのマスターがあります。これらの経理で使うマスターすべてが一元的に管理されたファイルがMOMです。私は、転職や異動で新しく業務を始める際には、MOMの作成を最初の仕事と決めていました。MOMは、効率化はもちろん、業務の全体像の把握にも役に立つ優れものだからです。

　「勘定科目コード表」のようなデータは、どの会社にもすでにあります。しかし、多くの場合、何かのファイルの後ろに変換テーブルとしてオマケ程度にくっついていたり、経理で使用する一部分だけのデータだったりします。さらには、複数のファイルに勘定科目のマスターがくっついているケースもよく見ます。

　似た表が複数あり、正式版がどれなのか分からないと、コードに変更や追加が生じたときにマスターを更新するのを忘れてしまいます。また、複数の表があると、すべてを更新するのは手間なので億劫になってしまいます。そうすると、マスターとしての役目を果たせなくなり、ますます更新されなくなるという悪循環が起こります。

　これらの問題を解決するために、「最新で完璧な唯一のデータベース」を用意しましょう。その具体的な解決策がMOMなのです。複数の人が時間をかけて中途半端なマスター表をいくつも作るのは無駄で

第2章 「作る」担当者のためのエクセル戦略① 有形テクニック編

しかありません。

MOMに入れるべきマスターは、前述の**勘定科目マスター**や**事業部門マスター**に加え、**商品カテゴリ**や**カレンダー**を含めるのもよいと思います。

(2) 勘定科目マスター

勘定科目マスターには、**会計システム内で使われる勘定科目や補助科目だけではなく開示科目も含めましょう**。開示科目は、開示資料作成用のエクセルでマスター管理している場合も多いですが、MOMにも含めてください。つまり、一元管理の観点から、勘定科目に関するすべての情報はここに集約されるのが望ましいのです。

また、MOMには現在使用していない勘定科目も含めて、すべての勘定科目を入れてください。実務では、誤って意図と異なる勘定科目コードを使ってしまうミスも発生します。そのとき、MOMに載っていないと誤使用にすぐ気が付きません。これでは困ります。また、新規のコードができたことに気が付いた都度MOMに追加するのも手間です。したがって、MOMの勘定科目マスターを初めて作るときには、会計システムに登録された勘定科目すべてを対象としましょう。

● 勘定科目マスターの例

会計システム					開示作成ファイル	
BS/PL	勘定科目コード	勘定科目名	補助科目コード	補助科目名	開示科目番号	開示科目名
BS	100000	普通預金	1000	AA銀行/BB支店	1	現金及び預金

(3) 事業部門マスター

複数の業務システムがそれぞれ別々に事業部門コードを持っている

26

3. すべてのマスターを一元管理する最強のデータベース「マスター・オブ・マスター」

場合、事業部門マスターには、**各システムの部門コードと部門名**を入れておきましょう。加えて、**組織図の情報**も入れると、重宝します。実務では、組織名が変わった場合にも、システムに登録された事業部門の名称を変更しないケースが見受けられます。もちろん、本来的にはシステム内の名称を変えた方がよいのですが、社内の事情ですぐには難しい場合もあるでしょう。そんなときにMOMに組織図の情報を入れておくと、経理部門内での集計作業に対応しやすくなります。また、**事業部門を管掌する部門長や役員の名前**を入れるのもいいと思います。例えば、役員から「自分の主管部門についてデータが欲しい」と言われたときにもすぐに対応できるので便利です。とくに予算管理を担当する人におすすめします。

● 事業部門マスターの例

会計システム		販売管理システム		組織図			
部門コード	部門名	部門コード	部門名	部門名	エリア名（営業のみ）	部門長	担当役員
1000	東京営業部	1000000	東京営業部	東京支店	関東	田中	鈴木

(4) 商品カテゴリマスター

　商品カテゴリマスターも、事業部門マスターと同様に、複数のシステムに登録があればそれをすべて対象として作成します。また、有価証券報告書などの開示でも使われる場合には、勘定科目マスターと同様、開示集計用のカテゴリも入れておくと便利です。

● 商品カテゴリマスターの例

販売管理システム		開示集計用ファイル
商品カテゴリコード	商品カテゴリ名	開示カテゴリ
10000	チーズバーガー	ハンバーガー

第2章　「作る」担当者のためのエクセル戦略①　有形テクニック編

(5) カレンダーマスター

　カレンダーマスターを作成しておくと、これが大活躍するケースがあります。例えば、**親会社の決算期が自社と異なる場合**です。自社と親会社の四半期に関する対応表を作成すると、親会社へ報告する際の集計が効率的に行えます。こんな些細なことまでマスターにするのかと思うかもしれません。しかし、私たち経理パーソンの仕事は、このような「チリツモ」（塵も積もれば山となる）作業の連続です。エクセルを活用し、手や頭を使わないで済むものはできる限り自動化するようにしてください。

　また、業種の関係上、**月の日数や営業日数が業績に与える影響が大きい場合**も、カレンダーマスターが効果を発揮します。日数をあらかじめ数えてデータベースに入れておきましょう。例えば、土日の日数によって売上が大きく影響を受ける飲食業や小売業であれば、土日の日数を数えてもよいと思います。なお、日数を数える時にはdaysという関数を、営業日数を数える時にはnetworkdaysという関数を使うと、自動で計算できます。

● カレンダーマスターの例

カレンダー				自社カレンダー	親会社カレンダー	計算	
年	月	開始日	終了日	Q	Q	日数	営業日数
2019	4	2019/4/1	2019/4/30	1	2	30	20

28

新しいファイルを作る前に決めておこう

(1) 保存先

　まず、これだけは必ず徹底したいのが、「**すべてのファイルは共有フォルダへ保存する**」というルールです。ファイルを作成するときに、まず自分のパソコン内で作成し、完成したら共有フォルダに移す運用をしている経理担当者をよく見かけます。謙虚で丁寧な性格ゆえに、「作成途中のファイルを誰かが使ってしまったら大変」と考えるようですが、完成後に移し忘れることもしばしばです。

　同僚や管理職の立場からすると、「ファイルがどのような状況にあるのか」は、チームで業務を分担して働く上でとても大事な情報です。また、共有フォルダに入れておけば、急な休みの際にも周囲がフォローしやすくなります。さらに、少し作業を加えるからと、共有フォルダからローカル環境（自分のパソコン）に落として作業してしまうと、いわゆる「先祖返り（古いデータに書き換えられてしまうこと）」問題が発生してしまう場合があります。

　エクセルを勉強していた頃、「Ctrl+Sを無意識に押すように」と指導してくれた先輩がいました。Ctrl+Sとは「上書き保存」のショートカットキーです。せっかく素晴らしいファイルを作っても保存されていなければまったく意味がありません。チームで業務を進めるのが前提の経理にとって、共有フォルダに保存されていなければそのファイルは存在しないに等しいのです。

(2) タイミング

　経理には、定期的に作成するファイルがかなり多くあります。例えば、四半期決算や年度決算用のファイルがそうです。このようなファ

イルは、ぜひ**決算の前にフォーマットを作成してしまいましょう**。当然ながら、中身の数字は決算期間にならないと埋まりませんが、形式だけなら決算前にも作成が可能です。例えば、元になる過去のファイルをコピーして複製します。そして、「2019年度第1四半期」といったシート上に書かれた期間の名前も更新します。つまり、「空ファイル」として事前に作成しておくのです。

さらに、このファイルから別のファイルへ数字をリンクさせている場合には、リンクも事前に張っておきましょう。そうすれば、リンク元のファイルに数字が入力できたら、「双方のファイルを開ける」か、「参照先ファイルのリンク更新」を行うことで、リンク先ファイルにもほぼ自動で瞬時に数字を反映させることができます。

● **ファイルのリンク**

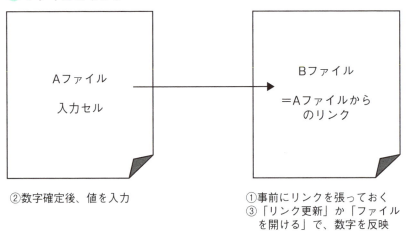

繰り返しになりますが、私たちの仕事の忙しさは「チリツモ」からできています。1つ1つは小さな作業ですが、繁忙期である決算期を外してこのような作業を行えば、決算の早期化にもつながります。

(3) 構成

　作成後の「使う」場面での作業効率に影響するのが、ファイルの構成です。作るときは作ることに夢中なので、この点にあまり意識が向かないのですが、**後工程をあらかじめ想定すること**は、とても大切です。

　例えば、エリア別売上情報を毎月集計しているとします。あなたなら、これをどのようなファイル構成にしますか？

> A.　月ごとに１つのファイルを作る
> B.　月ごとに１枚のシートにして、年間分のシートを並べた１つのファイルを作る

　AとBどちらの方法を採用するかで、何が変わるのでしょうか。ファイルの数です。例えば、年間分のデータを確認したい場合に、Aの場合は12個のファイルを開ける必要があります。Bであれば、年間データが１つのファイルにまとまっているので、１つのファイルを開ければ済みます。皆さんも経験があると思いますが、ファイルが完全に開くまでには少し時間がかかります。また、開けるファイルの個数が多くなると、どれが何月の分か見づらくなり作業に手間取ります。したがって、**関係性が強い情報はなるべくまとめて、ファイルの数はできる限り減らす方が望ましい**のです。

　新たにファイルを作るときには、まずはファイルの構成を考えてみることを大事にしてください。家を建てるときには、これから何人がその家で暮らすのか、どのような家にしたいのかを最初に考えると思います。１つのファイルにいくつのデータを入れるかの判断は、１つの家に何人が住むのか考えるのと同じです。エクセルファイルを新たに作るときも、今後の「暮らし」を想像した上で、どのような「設計」がよいのかをまず考えてみてください。よい設計が、今後の暮らしを楽にしてくれます。頻繁に使われるデータであれば、前述したデ

ータベースとして整備するのも非常に効果的です。

● ファイルとシート

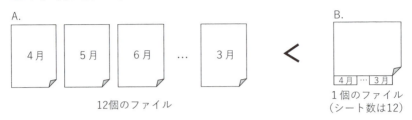

(4) 事後処理

　先ほどは、事前にファイル間のリンクを張る提案をしましたが、今度は事後の話です。**数字が確定したら、「値に固定」する習慣を徹底してください**。私たち経理の仕事では、月次決算で一度数字が確定すると、基本的に変更されません。そこで、「形式を選択して貼り付け」の「値貼り付け」の機能を使って、数字を値として固定してしまいましょう。そうしないと、リンク元の数字が万が一誤って変わってしまったときに、リンク先のファイルにまで被害が及びます。また、何かの拍子にリンクが壊れて、エラー値になるリスクも考えられます。いずれにせよ、使いたいときにストレスなく「使える」状態にしておくことが大事です。なお、毎月リンクで数字を取ってくる場合には、当月の数字を値として貼り付ける前に、作ったリンク式を翌月の該当箇所に「コピー」＆「貼り付け」しておきましょう。こうして翌月の列に「避難」させておけば、一からリンクを張る作業を繰り返さずに済みます。翌月の作業についても想像することで、時短が図れます。

4. 新しいファイルを作る前に決めておこう

● リンクの移動

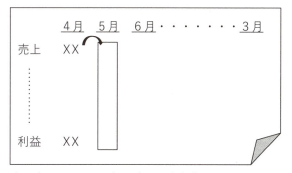

当月(ここでは4月)分データ確定後，
①当月のリンク式をコピーして翌月(5月)に(すべて)貼り付け
②当月分のデータをコピーしてそのまま「値貼り付け」

5. 誰が見ても分かるシートの作り方

(1) 順番とグルーピング

　前述のファイル構成の説明では、シートを増やすことで、ファイルの数を増やさないようにする考え方について述べました。一方で、複数のシートがあると、ファイル内の構成が分かりにくくなる恐れもあります。では、どのようにシートを並べるのがよいのでしょうか。ここでのキーワードは「**規則性**」です。

　例えば、貸借対照表は、資産、負債、純資産という種類ごとに、さらには流動と固定という期間ごとにグルーピングされて順序よく並べられています。このような一貫性があるからこそ、他社の貸借対照表を見ても、私たちは内容を理解できます。同じようにファイル内のシートも、何らかの規則性に則って並べたり、グルーピングされたりすると、初めてファイルを見た人が理解しやすくなるのです。

　よくある順番の例としては、時系列や業務の流れがあります。「時系列」は、前述のような12か月分のデータを並べる形式です。4月、5月、…（昇順）または3月、2月、…（降順）と並びます。「業務の流れ」は、ファイルを利用して行う作業ごとに、入力シート、計算シート、出力シートと分けるものです。いずれの場合も、**昇順または降順に、部門内で統一できると便利**です。慣れてくると、ファイルを開いた瞬間に、無意識に自分の目が必要なシートを探してくれるようになります。それが最も時間のロスがなく、効率的な状態です。

　また、シートの枚数が多い場合には、グルーピングするのも有効です。例えば、入力用シートが事業ごとにA、B、Cと複数ある場合には、事業名を付けたシートは同列の1つのまとまりだと分かるように、「入力用」というグループ名を付けます。

5. 誰が見ても分かるシートの作り方

● シートのグルーピング

サマリ	入力用>	A事業	B事業	C事業

(2) 名前

　シートの名前の付け方も効率化につながります。先ほど説明した順番やグルーピングが整えば、ファイル全体の構成はおおよそ分かるようになります。その上で名前を分かりやすく付ければ、それぞれのシートの位置づけをより早く理解できるのです。

　名前の付け方としては、業務の流れ（入力、計算、出力）や、内容（対象となる期間、事業、勘定科目など）を反映する方法があります。つまり、**ファイルを構成している各シートの「違い」が分かるように付けるのが大事**なのです。また、**名前はなるべく短くしましょう。**シートの数が多い場合、名前が長いシートがあると、他のシートのタブが隠れてしまいます。すべてのシート名が表示されず分かりにくくなっては、本末転倒です。また、長いシート名では、それを構成要素に含む計算式が長くなります。その結果、関数の全体像が理解しづらくなってしまいます。とくに、vlookup関数など構成要素の数が多い場合には、より注意が必要です。そこで、ファイル名を見れば分かる情報は省き、あくまでも各シートの違いに注目してシート名を付けるようにしましょう。

第 2 章 「作る」担当者のためのエクセル戦略①　有形テクニック編

● わかりにくいシート名の例

=VLOOKUP（Sheet3!B3,'2018.1.1－2019.9.30 売上マスターデータ整理 '!B:C,2,FALSE)

デフォルトのシート名では、
どのシートなのか具体的に
特定しづらい

長いシート名では、計
算式が長くなってしま
い、全体像が理解しづ
らい

　確実に避けるべきなのは、デフォルトの「Sheet 1」といった表示
をそのままにしておくことです。シートが 1 枚だけのファイルであれ
ば大きな問題は生じませんが、複数シートを含むファイルの場合は、
各シートの「違い」を認識できるよう必ず名前を付けましょう。そし
て、使っていないシートはあらかじめ削除しておきます。

　シートによい名前を付けることで、周囲が理解に要する時間を節約
するチャンスが生まれます。これを逃してはいけません。

(3)　システムから出力した場合

　私たちの業務には、会計システムなどシステムから出力したデータ
を元に、数値を転記する作業が多くあります。とくに、**複数の数値を
転記する場合には、出力したデータを丸ごとそのまま貼り付ける専用
シートをファイル内に用意するやり方**がおすすめです。

　こうすると、他の人が「どの帳票から」「どの部分の」数字を取っ
てきたのかが分かりやすくなります。また、必要なセルを選ぶという
細かい作業がなくなります。具体的には、出力したデータを貼り付け
たシートをリンク元として、数値を転記したい表にリンクさせるとよ
いでしょう。システムから出力する帳票は一定の形式で出力されるた
め、これをリンク元にするとリンクがずれにくくなります。この方法
を活用できる場面は多いでしょう。

　この作業を行う際には、**「シート全体のコピーと貼り付け」**が便利
です。ある特定のセルを起点に貼り付けるのは手間ですし、間違える
リスクも高まります。シート全体の貼り付けであれば、貼り付け方を

36

5. 誰が見ても分かるシートの作り方

間違える可能性が格段に下がります。

● システム出力帳票の貼り付け

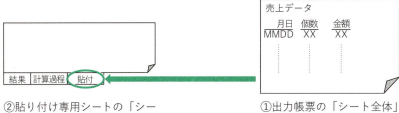

②貼り付け専用シートの「シート全体」を選択し，「貼り付け」

①出力帳票の「シート全体」を選択し，「コピー」

6. 作業マニュアルは必要ない

　これまで説明したポイントを押さえてエクセルのシートを作成すると、他の人はファイルを見るだけで作業の流れが大まかに把握できます。そのため、他の人への引継ぎもスムーズになります。**「属人性をなくす」**ことは、経理業務にとって大事なことです。属人性をなくすと言うと、「マニュアルを作った方がよいのでしょうか？」という質問をよく受けます。J-SOX（財務報告に係る内部統制報告制度）の影響なのか、「属人性排除イコール文書化」と捉える人が多いようです。

　多くの場合、マニュアルよりは、シート自体に作業手順を書いてしまう方が効率的です。別のファイルでマニュアルを作成すると、作業をする際に、わざわざマニュアルを探し、その中から自分が知りたい情報を探す手間が生じます。正直なところ億劫です。マニュアルを見るのも億劫であれば、何か手順に変更があったときに記載を変えるのはさらに億劫です。そしてその結果起こるのが、マニュアルが使われなくなってしまう、実務でよく見かけるとても残念な現象です。こうなると、そもそもマニュアルを用意した意味がなくなってしまいます。

　このことからは、いくつかのヒントが得られます。まず、作業手順については、見るのも変更するのも簡単な状況がベストということです。また、作業手順が分かるのであれば、独立したマニュアル文書の作成は必ずしも必要ありません。

　この考え方に基づけば、**作業手順やデータの出所をセルに直接書き込んだり、「コメント」機能を使ったりする**のもよい方法です。とくに、「どこから」「何を」を具体的に「正式名称」で書くのが実務のポイントです。わざわざ作業手順を書く必要があるのは、ファイル外から情報を取ってくるような複雑な作業だからです。このとき、「どこから」と「何を」が明確になっていれば、作業手順を間違える可能性

は大きく下がります。

● マニュアル代わりの記載例

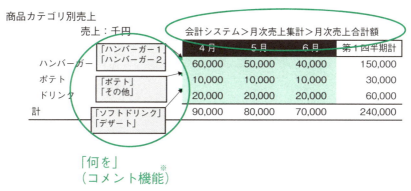

※最新バージョンでは名称が変わり、「メモ」機能となっています。

　もちろん、ファイル内の1シートに作業手順を記載する方法でもいいでしょう。この場合には、同じファイル内のシートを同時に表示できる機能を使えば、手順を確認しながら作業ができます。

　作業内容を言葉にするとき、進め方のポイントは、すべての業務について完成度の高い記述をする必要はないという点です。極端にいえば、全体の2割の業務について完成度8割の作業手順書ができるよりも、8割の業務に完成度2割の作業メモができる方が効率化の効果は大きくなります。なぜなら、8割の業務がカバーされた作業手順書ができていれば、大半の業務に関して「とりあえず引き継いで作業開始できる状態」になるからです。これにより、「聞かなくては分からない」とメンバーの手が止まる時間が激減します。これくらいの気軽な気持ちで、**作業の「見える化」**に取り組むだけでも、実は大きな効果が期待できます。

7. 表作成のキーワードは「規則性」

(1) グルーピング

　報告用資料に含まれる損益計算書は、金額のすぐ横に売上高構成比が並んでいる形式が一般的です。「見せる」ためのファイルは「分かりやすさ」がポイントですので、この方がよいのですが、「使う」目的のファイルの場合は、また別の考え方が必要です。数字の種類ごとに区分すること、例えば、金額と売上高構成比を別にして表を作成する方が便利です。

　その方が、データ入力時の転記ミスも起きにくく、また、後の工程で数字を活用する際のリンクミスも起きにくいからです。さらに、同類の数字が並んでいるので異常な値を発見しやすくなるメリットもあります。とくに、データベースの場合には、ファイルの使用頻度がとても高いので、このルールを徹底した方がよいでしょう。

● 表のグルーピング

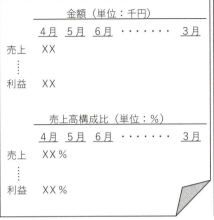
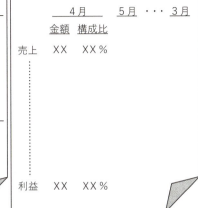

この前提にあるのが、

・データベースは「1行1データ」形式
・報告用資料は「マトリックス」形式

で持つとよいという考え方です。

●「1行1データ」形式と「マトリックス」形式の違い

担当支店	得意先	金額（円）
東京	A商事㈱	300
名古屋	A商事㈱	900
大阪	A商事㈱	700
東京	Bビジネス㈱	900
名古屋	Bビジネス㈱	600
大阪	Bビジネス㈱	400
東京	C食品㈱	200
名古屋	C食品㈱	300
大阪	C食品㈱	500
合計		4,800

1行1データ形式
→データベース向き

担当支店	A商事㈱	Bビジネス㈱	C食品㈱	合計
大阪	700	400	500	1,600
東京	300	900	200	1,400
名古屋	900	600	300	1,800
合計	1,900	1,900	1,000	4,800

マトリックス形式
→報告用資料向き

「1行1データ」形式では、特定のデータを抽出するとき、その行を指定すれば済みます。一方、「マトリックス」形式だと、行と列をそれぞれ指定する必要があり、データの抽出方法が複雑になります。

つまり、データベースは、報告用資料のためにデータを抽出するおおもとですから、なるべくシンプルに抽出できる方が良いのです。とはいえ、すべての場合に完全に適用する必要はありません。データベースはできる限りシンプルなかたちにするという意味で理解しておくとよいでしょう。

(2) 流れ

　表の縦軸や横軸の項目の順番は、何らかの「規則性」を基にして作成すると「使う」の場面でデータを探しやすくなります。「規則性」の話は、シートの順番の考え方でも出てきましたが、基本は同じです。例えば、部門別損益計算書を部門別に横に並べるとしたら、部門別コード順に昇順または降順とするのが一般的でしょう。

　なお、**表内の流れの向きは「左から右」「上から下」を原則**としてください。人の目の動きというのは、「左から右」「上から下」に自然に向かうといわれています。この自然の摂理に逆らう流れにはストレスを感じる人が多いので、項目の順番を決めたら、それを「左から右」「上から下」に置くようにしてください。この考え方はプレゼンテーション資料の作成においてよく挙げられる注意点ですが、エクセルの場合もまったく同じです。

● 目の流れを踏まえた配置の方法

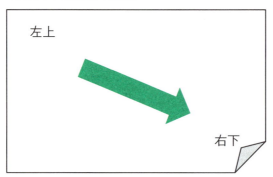

(3) 期間

　データを入力する対象期間が決まっている場合には、あらかじめその分の入力欄をすべて作成しておきましょう。併せて**集計欄の計算式も組んでおきます**。

　週次の売上報告を行うために、その都度先週分の入力欄を追加で作成してから集計しているケースを見たことがあります。このやり方では、入力欄を作成するだけでなく、年合計などの集計欄の計算式も毎回更新する必要があります。しかし、その都度、入力欄を作成・変更・確認するのは時間がかかる上、計算式の更新を忘れてしまい、集計が正しくなくなる事態がしばしば発生してしまいます。これは、正しい数値を届けなくてはいけない経理パーソンにとって重大な問題です。したがって、時間短縮と、何よりも正確性向上のために、必要な入力欄は事前にすべて用意することをおすすめします。

(4) 内容

　表は、目で見ただけでロジックが分かる表示方法にしましょう。例えば、縦軸に損益計算書の勘定科目を並べる場合、販管費とその内訳の費目の関係が分かるようにします。これには**「インデント」（字下げ）機能**を使うと便利です。

　例えば、管理会計の損益計算書は各社各様の書式であるために、どれを引いてこの利益なのかという勘定科目の関係性が一目で分からないケースがあります。セルをアクティブにして計算式を表示すれば、もちろん関係性は理解できます。しかし、業務の忙しさを考えると、見ただけで理解できる方が望ましいのです。インデントを使用すると、このような時間のムダをなくし、分かりやすさが増します。

表の表示方法

例）販管費，販管費の具体的科目

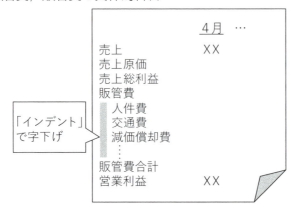

(5) 金額単位

　表の作成時の金額単位について、経理部門内で共通ルールを作っておきましょう。経理部門の中でも、表を円単位で作成する人もいれば、千円単位で作成する人もいます。どの金額単位を選ぶかはもちろん各人の自由なのですが、「使う」ことを考えると、ルールが異なる表が混在していると不便です。そこで、経理部門内で表を作成する場合の原則的な金額単位を決めておくとよいでしょう。他の表に転記するときに単位を変換する手間が大きく減ります。

　なお、千円単位以下の扱い方もあらかじめ決めておくのも便利です。例えば、**千円単位表示の場合、小数点以下第3位、つまり円単位までをデータとして持っておく方法が望ましい**です。そうすれば、円単位のデータが必要になった場合に、千倍すれば円単位の数字を得ることができます。四捨五入など小数点以下のデータを持たない処理をしてしまうと、円単位のデータに戻せなくなってしまうため、注意が必要です。

(6) グループ化

　表が大きい場合に、重宝するのが、「**グループ化」機能**です。これを使うと、必要な箇所だけを表示することができるので、全体像が分かりやすくなります。同時に、どこを中心に作業または確認したらいいのかが限定されるので、時間短縮にもつながります。

　図では、当面入力が不要な10月から12月のデータ列を「グループ化」機能を使って非表示にしています。具体的には、10月から12月の列を選択して、データメニューに含まれるグループ化を押すだけです。そして、＋（プラス）のボタンを押せば、元の通り10月から12月までを表示することができます。

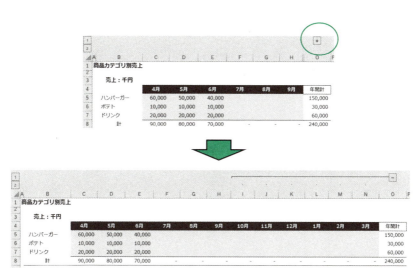

　なお、この機能を中止したい場合には、その範囲を指定した上で、「グループ解除」（［データ］―［グループ解除］）を選べばすぐにできます。

　実務上のポイントは、「**非表示**」と「**グループ化**」を使い分けることです。この図の例のように、当面は使わないという場合にはグループ化を選択しましょう。非表示は原則として使わない方がいいと思います。非表示を使ってしまうと、隠されたデータの存在に気付くのは

難しいものです。しかし、グループ化であれば、＋や－のマークを見れば、そこにデータがあることが容易に分かります。似たような機能も、データを使う人の立場に立って適した方を使うことが大事です。

8. エクセルで使う「色」のルール

(1) 色の重要性と可能性

　ファイル作成における色の大切さを考えるにあたって、まずは身近な生活の例からイメージを広げてみましょう。大阪や東京には地下鉄の路線が多数あり、1つの駅に複数の路線が乗り入れていることも珍しくありません。そのため、乗客の乗り換えがスムーズになるよう活用されているのが、色です。例えば、大阪では、御堂筋線は赤、谷町線は紫、堺筋線は茶というように色が割り当てられています。そのため、出張で大阪に出かけたときには、色を頼りに進むことで、地下鉄を乗り継ぎ、目的地にたどり着けます。

　この地下鉄の例からは、色の活用ポイントが2つ見えてきます。まず、**統一的かつ継続的に運用されている**点です。駅によって色の使い方が異なったり、しばしば変更されたりしては、使う人の混乱を招き、むしろ不便です。もう1つのポイントは、**色の数が多すぎない**点です。東京は、13路線（都営と東京メトロ合計）、つまり13色あるようですが、これが数の限界だと思います。色が多すぎると、区別がつきにくかったり記憶しきれなかったりと、これまた不便になってしまいます。つまり、多すぎない色を一貫して継続的に当てはめることで、「自分の欲しい情報を直感的に探し出す」ことができるのです。

　このように便利な「色」ですが、数字が主体となる経理実務において、活用されているケースは多くありません。そこで、どのように経理実務に落とし込んだらよいのか、具体例とともに見てみましょう。

(2) 原則

　色の活用の大原則は、「インプット」と「アウトプット」を表す色

第2章 「作る」担当者のためのエクセル戦略①　有形テクニック編

を決めることです。インプットとは、数字を入力するセルを指します。そして、アウトプットは、他のエクセルや伝票などに転記する対象となるセルを指しています。つまり、「どのセルを埋めるのか」と「どのセルが結果を示すのか」の2つを、色を使って明確に表示します。

　例えば、インプットセルは緑色の塗りつぶし、アウトプットセルは桃色の塗りつぶしと決めるのもいいでしょう。他への転記対象のセルに加えて、第4章で紹介する「チェックセル」も桃色塗りつぶしにするのも1つです。つまり、見逃してはならないセルを桃色にするというやり方です。

　使う色は緑色や桃色でなくても、何色でも構いません。大事なのは地下鉄の例にもあった活用ポイントの通り、チーム内で共有し、継続運用することです。私たちの仕事はバトンリレーのようなものです。自分が作ったファイルを同僚が使ったり、上司が承認したりと、データを渡してつないでいく場面が数多く存在します。そのときに、各人でルールがバラバラだと、部門全体の効率化は期待できません。

(3) 効果

　なぜインプットとアウトプットを色で明確にしておくとよいのでしょうか。

　まず、作業する人の立場に立つと、数字を入力する必要がある箇所がどこなのかがはっきり分かるのは、作業をする上でとても助かります。エクセルファイルには非常に多くの数字が含まれていますが、パッと見て、どの数字が入力されたもので、どれが計算されたものなのかを見分けるのは難しいものです。そのため、通常はセルをアクティブ（そのセルを選択し、太枠で囲まれた状態にすること）にして数字のベタ打ち箇所を探したり、リンク元をたどったりと、まるで宝探しのようにして入力箇所を特定します。このようにファイルの理解を始めるやり方が一般的ですが、その時間はもったいありません。

48

8. エクセルで使う「色」のルール

「6. 作業マニュアルは必要ない」（P.38参照）では、作業手順を書くときのポイントは、「どこから」「どの数字を」持ってくるかをハッキリさせることが大事だと述べました。実はそれ以前に、まずは「どこを入力しなくてはいけないのか」をハッキリさせないと作業は始まりません。つまり、「どこから」「どこへ」「どの数字を」持ってくるのかの3つを明確にすることが、大幅な時間短縮につながります。

そして、アウトプットセルは、最終計算結果はどれなのか、つまり「作業のゴール」を明確に示してくれます。作業者だけではなく、承認者にとってもメリットがあります。例えば、アウトプットセルからたどることで、効率的にチェックを行うことができます。とくに、承認作業にかけられる時間が限られている場合の効果は高いです。

このように、作業者・承認者ともに、インプットとアウトプットの2箇所を明確にするだけで、大幅な時間短縮につながるのです。同時に、流れが分かりやすくなることで、誤りも発見しやすくなり、正確性の向上にも役立ちます。

(4) シートタブへの応用

ここまでの色分けは、主にセルを対象としていました。この色分け方法は、シートタブにも応用できます。

経理で使用するエクセルファイルは、複雑な計算をしていたり、膨大な量のデータを扱っていたりと、複数枚のシートで構成されている場合が非常に多いです。このようなファイルを開いた人がまず始めに思うのは、「どのシートから見たらよいのか」という疑問です。

経理のエクセルファイルには、自動計算されるシートや参考用のシートも多く含まれるため、すべてのシートに入力や確認が必要とは限りません。そこで、どれが実際に入力を必要とするシートなのか、インプット用の色で特定できれば、そのシートを中心に作業を進められます。

具体的には、「インプットシート」として、**作業を行う対象のシー**

トのタブの色を変更します。他のエクセルファイルやシステム帳票を元に、数字の転記や入力をするシートのタブの色を変更するのです。

そして、「アウトプットシート」としては、**計算結果やサマリを含むシートのタブの色を変更**します。例えば、伝票起票のもととなる金額や、集計結果を含んでいるシートがアウトプットシートに当たります。

このとき、シートタブに対してもインプット＝緑色塗りつぶし、アウトプット＝桃色塗りつぶしというようにセルの色のルールと同じルールを適用するとよいでしょう。そうすることで、色の意味を確認したり、混乱したりという事態を防げます。

● インプット・アウトプットと色分け

位置づけ	内容	色(例)
インプット	入力、転記などの作業	緑色
アウトプット	計算結果、サマリなどの結果	桃色

(5) 条件付き書式

エクセルの機能の中にも、色の分かりやすさを活用したものがあります。それは、**「条件付き書式」**（［ホーム］－［条件付き書式］）です。あらかじめ設定した条件を満たす場合には、そのセルの色を指定した色で表示してくれます。

経理部門での使い方としては、勘定科目の内訳明細において「赤残」と呼ばれるマイナス残高の項目を赤太字で表示するのもいいでしょう。また、前期比較分析であれば、一定金額以上の差異は太字で表示されるようにしておけば、コメントすべき差異の数が分かりやすいと思います。この場合には、条件付き書式の中の「セルの強調表示ルール」を使うと簡単です。また、それ以外にもいくつもあらかじめパターン化された標準機能があるので、試してみるといいでしょう。

8. エクセルで使う「色」のルール

● セルの強調表示ルール

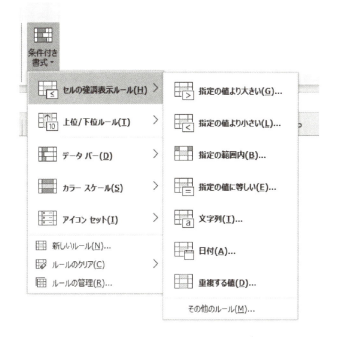

　この機能を使うことで、自分が作った資料のチェックがしやすくなります。目で見てマイナス残や一定金額以上の差異を抽出する場合、見落とす可能性もありますし、時間もかかってしまいます。また、条件付き書式は「見える化」につながりますので、どのような項目に気を付ければいいのかという見方を、次に引き継ぐことができるのも大きなメリットです。

　それ以外にも、経理担当者向けだけではなく、報告用資料において、経営者の方に注意してもらいたい数字に使うこともできます。色は、人の注意を引くのに効果的なのです。

(6) ポイント

　以上、色分けについてお話してきましたが、大事なのは、「入口」と「出口」を押さえることです。

第 2 章 「作る」担当者のためのエクセル戦略① 有形テクニック編

　エクセルファイルを作成するのは、複数のデータを統合したり、集計したりという何らかの計算を行うためです。その計算のために必要な材料がインプットであり、その計算の目的となった結果がアウトプットです。したがって、入口にあたるインプットのセルまたはシートと出口にあたるアウトプットのセルまたはシートは、エクセルファイルの中でも「幹」であると表現できます。

　それ以外のシートは、補足的な位置づけであり、いわば「枝」です。まず幹を理解することが、ファイルの全体像をつかむ近道です。幹を理解し、枝との関係性を押さえていくことで、木の全体像を効率的に理解することができます。

　そして、ファイルを開いたときにまず目が行くのは、個別のセルよりシートタブです。そう考えると、シートタブの色分けは、セルの色分け以上に実務においては重要だといえます。もし、「セルの色分けとシートタブの色分け、両方やるのは大変」と思う人は、シートタブの色分けから取り組むといいでしょう。両方に取り組めればいいのはもちろんですが、実務が多忙で難しい場合もあるかと思います。そんなときに、どちらの方が効果が高いのかを考えるのも大事です。

9. 難しい関数は使わない
——場面別で理解する関数

(1) 原則

　経理実務で関数を使うときに、必ず守らなくてはいけないことがあります。それは、「難しい関数は使わない」ということです。例えば、場所を特定する関数であるoffset関数やindex関数は、経理パーソンの多くが難しいと感じる関数の代表例です。難しい関数は、理解するのに時間がかかります。時間がかかるということは実務においては致命的といえます。そこで、皆が知らないような難解な関数は避けて、誰もが知っているシンプルな関数を活用してファイルを作成することが大事です。

　エクセルの関数は単に計算するものではありません。自動化するためのプログラムなのです。最大限活用するためには、それぞれのプログラムの役割を理解し、そしてそれを使うべき場面を明確化することが最も大切です。そこで、第１章で詳しく扱った「作る」「使う」「見せる」の場面ごとに関数を見ていきましょう。

(2) 「作る」ための関数

　皆さんがファイルを作るときには、何らかの元データが存在する場合がほとんどです。そして、その元データはシステムから出力された帳票であることも多くあります。そこで、ファイルを作成するのに、システム出力帳票に含まれている数多くの項目から必要なものだけを取り出します。このようにデータを取り出すことは、私たちの仕事の最初のステップとして重要なスキルといえます。

① vlookup関数

　データを取り出すのに役に立つ関数の代表例として、vlookup関数

第 2 章 「作る」担当者のためのエクセル戦略①　有形テクニック編

があります。**一致するデータを探し当て、これと同じ行にあるセルに入っている値を教えてくれる**のが、この関数の役割です。

● vlookup関数

	A	B	C	D
1	果物	旬	果物	旬
2	ぶどう	秋	いちご	春
3			すいか	夏
4			ぶどう	秋
5			みかん	冬

インプットセル　アウトプットセル

調べたい対象　　　　　　テーブル

=VLOOKUP（A2, $C：$D, 2, FALSE）
　　　　　　①　　 ②　　③　　 ④
①インプットセル（調べたい果物）
②テーブル（果物と旬の対応表）
③テーブルの中での位置関係（2列目）
④対応表の場合は、基本的にFALSEを選ぶ

※「$」は参照するセルを固定する機能です（P.123参照）。

　図の例は、A2に入力された「果物の種類」をもとに、その「旬」をB2に表示するものです。参照するテーブル（対応表）がCD列にあります。ここでテーブルを列で範囲指定しているのは、他の果物がテーブルに追加された場合に備えてのことです。データが増えた場合に計算式を修正する手数をあらかじめ減らし、正確さを確保しているのです。

　経理実務では、部門コードをキーとして、部門別コード表から部門名を抜き出して表示する使い方もよく見かけます。この場合、本章の前半で扱ったMaster Of Master（MOM）（P.25参照）の部門コード表をテーブルとしてぜひ活用しましょう。そうすれば、新たにテーブルを作成する手間がかかりませんし、最新版のデータとして安心して

9. 難しい関数は使わない——場面別で理解する関数

使えます。まさにこのようなケースで時間を短縮できるよう、用意すべきものがMOMなのです。

② hlookup関数

vlookup関数と同様の役割を持つ、hlookupという関数があります。これは、見つけたデータと同じ列にあるセルに入っている値を教えてくれる関数です。この2つの関数は何が違うのでしょうか？実務では、知っているだけではなく、使いこなせることが重要です。似た関数は違いを中心に押さえると、効率良く使いこなせるようになります。

キーとなるデータに対して、**テーブル上で「同じ行」にあるセルを探すのがvlookup関数**、それに対して**「同じ列」にあるセルを探すのがhlookup関数**です。イメージとして、テーブルが縦長の場合はvlookup関数、横長の場合はhlookup関数と考えると分かりやすいかもしれません。vlookup関数を使う経理パーソンは多いのですが、hlookup関数はそれほど使われていないようです。

実務では、例えば、部門別損益計算書データから特定の勘定科目の金額を抜きたい場合などに、hlookup関数を活用できます。これは、部門別損益計算書は横に部門を並べる形式で作成される場合が多いためです。

他にも、皆さんがエクセルを使う上で大事にすべきポイントがあります。それは、**簡単なことでも、手計算せずに関数に自動計算させる**ことです。例えば、日数の計算を行うときに、カレンダーを見ながら指折り数えるのはやめましょう。間違える可能性もありますし、時間もエネルギーも消費してしまうからです。つまり、「手では計算できないから」「手では計算が難しいから」関数を使うのではありません。私たちの時間を効率的に使い、そして数字を正しく作るための手段として作業を自動化するために関数を使うのです。このような意識を持つことが、関数を身に付ける鍵といえます。できるだけコンピュータ（エクセル）に自動で計算してもらいましょう。

55

③ days関数、networkdays関数

日数計算には、daysやnetworkdaysという関数を活用します。days関数は、2つの日付を入れることでその間の日数を数えられる関数です。この関数には実務的に重要な注意点があります。それは、**終了日自体は日数計算に含まれない**点です。ですので、もし終了日も含めた日数をカウントしたいのであれば、この関数に「＋1」をしましょう。

● days関数

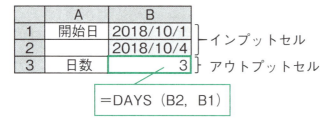

実務においては、このような「端っこ」の処理が影響する場合が意外と多くあります。このような些細な処理でミスしないためにはどうしたらよいのでしょうか。もちろん関数の知識を身に付けておくのも有効ですが、おすすめなのは、試しに簡単な例で計算してみる方法です。これは、第4章で詳しく取り上げる「モデルテスト」とまさに同じです。

例えば、開始日を10/1、終了日を10/4として、days関数で計算させると、結果は「3」と表示されます。すると、終了日が含まれていないことに気が付きます。

また、days関数の仲間で、稼働日だけを数えられるnetworkdaysという関数があります。これは、開始日、終了日に加えて、祝祭日の日付を関数に指定することで、稼働日のみの日数を数えてくれる関数です。

9. 難しい関数は使わない——場面別で理解する関数

④ if関数

　続いて、実務での使用頻度が高いif関数を考えてみましょう。if関数の役割は「**場合分け**」です。いくつかのケースに分けて、条件によって異なる結果を表したい場合に使われる、信号機のような存在です。つまり、青ならば進め、赤ならば止まれという場合分けを行っています。

● if関数

	A	B	C	D
1	果物	旬	果物	旬
2	ぶどう	秋	いちご	春
3			すいか	夏
4			ぶどう	秋
5			みかん	冬

インプットセル　アウトプットセル

調べたい対象　　　　　　テーブル

```
=IF（$A$2=C2, D2, IF（$A$2=C3, D3, IF
  （$A$2=C4, D4, IF（$A$2=C5, D5)))）
```

　if関数を実務で使う際には、カッコの数を多くしないことです。カッコの数を増やすほど、場合分けの数も多くできます。しかしながら、カッコを多くしすぎると、場合分けの内容が複雑になり分かりにくくなってきます。平均的なエクセルスキルの経理パーソンなら、おそらく3重カッコ、すなわち4つの場合分けが限度かと思います。

　場合分けの数が多い場合でも、分かりにくさを解消する方法はあります。例えば、**フローチャートの活用**です。関数を含む式だけでは何を判定しているのかが分かりにくいので、その内容をフローチャートで表すのです。そうすれば、関数の内容が「見える化」されて、属人化問題から解放されます。

57

● フローチャート

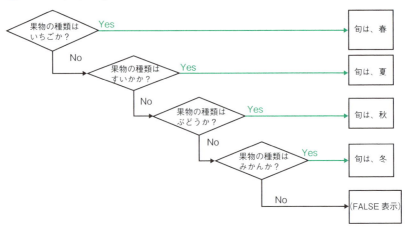

　先にフローチャートを確認してから計算式を見れば、意外と簡単に「解読」できると感じるのではないでしょうか。学生時代、難しい数学の問題も、解答を見ながらなら思ったより簡単に解けるという経験をした人もいると思います。まさに同じ話です。実務は時間との勝負ですので、正攻法を常にとる必要はなく、最短距離の方法を採用することが重要です。

　もう1つ、気がつくことがないでしょうか。実はこのif関数が計算した結果は、先ほどvlookup関数で計算した結果とまったく同じなのです。しかし、if関数を使った計算式とvlookup関数を使った計算式を比較すると、計算式の中身（引数と呼びます）も少なく構造も単純なので、明らかにvlookup関数を使った方が分かりやすいと思います。このように、**同じ計算結果を導くのに複数の計算式が候補となることがあります。ぜひシンプルな方法を選びましょう**。それは、他の人が理解しやすくするためでもありますが、作成した自分自身がチェックしやすくするためでもあります。

9. 難しい関数は使わない——場面別で理解する関数

(3)「使う」ための関数

「作る」ための関数は、データを抽出したり、計算したりと個別の
データを作るための関数でした。「使う」ための関数は、**「作る」で用
意した個別のデータを「集合体」としてとらえるための関数**といえま
す。

具体的には、**sum関数やcount関数**があります。例えば、売掛金の
得意先別残高データを上司が承認するとしましょう。まずどこを見る
かといえば、合計欄の件数や金額です。つまり、合計は全体像を理解
するのにまず最初に役に立つ項目なのです。

他にも、全体を集約する役割を持つ関数には、**sumif関数、countif
関数、average関数**などがあります。代表的な性質ごとにグルーピン
グした上で金額を集計するのがsumif関数であり、同じように件数を
集計するのがcountif関数です。また、全体を代表する金額として平
均を計算するのがaverage関数です。

これらの関数は、上席者や同僚といったファイルを「使う」立場の
人にとくに役立ちます。加えて、作成者自身が活用することもできま
す。例えば、件数が自社の取引規模と照らして違和感はないか、平均
額は妥当なのかなどを確認しましょう。このチェックを通して、個別
のデータを積み上げる形でファイルを作成したときとは別の角度か
ら、正しさを自分で確認できるのです。

(4)「見せる」ための関数

「見せる」場面で主に使われる関数もあります。例えば、**round関
数**は、数値を特定の位で四捨五入して表示します。これは、数字を細
かい単位まで見せる必要はない場合に見た目をシンプルにする処理と
いえます。

それ以外にも、エラー値を表示しないという見せ方の工夫をする場
面もあります。例えば、**iferror関数**は、値がエラー値の場合にのみ、

59

第2章 「作る」担当者のためのエクセル戦略① 有形テクニック編

任意の値を表示することができます。

　エラー値は、報告用資料において「ノイズ（雑音)」です。それが報告用資料に表示されていると、経営者は「資料が間違っているのか？」と気になってしまい、資料の理解に集中できません。したがって、**エラー値をそのまま表示させない処理は報告用資料の作成において重要**なのです。

　例えば、図表「iferror関数」の10月の商品単価の欄はすでに計算式が入っています。通常だと、計算の構成要素が空欄の場合、「#DIV/0!」と表示されますが、ここでは空欄が表示されています。それは、iferror関数を使って、エラー値の場合には何も表示しないように指示しているためです。

● iferror関数

	A	B	C	D	E	F	G
1		売上高内訳					
2		項目	〜	7月	8月	9月	10月
3		売上：千円		60,000	50,000	40,000	
4		個数：千個		120	100	100	
5		商品単価：円		500	500	400	

インプットセル

アウトプットセル

＝IFERROR（G3/G4, ""）

(5) 関数のまとめ

　以上、経理パーソンにとってとくに使用頻度が高い関数を例として、関数の活用のポイントを説明しました。ここで説明した関数はすべての経理パーソンに必要ですので、ぜひ身に付けておいてください。実際の業務では、さらに多くの関数の理解が必要になるでしょう。どのような関数を習得したらよいかは、会社の業種、システムの整備状況、各人の業務などによって異なります。一概に述べるのは難しいものの、傾向やコツはあります。

9. 難しい関数は使わない——場面別で理解する関数

● 関数の場面・役割別まとめ

段階	主な役割	関数の例
作る	データを取り出す	vlookup, hlookup
	データを作る	days, networkdays
使う	集合体としてとらえる	sum, count, average, sumif, countif, rank
見せる	見た目を整える	iferror, round

　例えば、小売業や飲食業など多くの店舗を持つ業種の経理部門では、rankという関数がよく用いられます。これは、複数のデータを数値の大きさを基に順位付けする関数です。このrank関数で順位をつけると、多くの店舗がある中で、それぞれの位置付けが理解しやすくなります。また、順位付けされたデータを営業部門と共有することで、分かりやすく状況を伝え、さらには競争意識を促す役割も期待できます。このことから、rank関数は、データ全体の特性を理解しやすくする意味で、「使う」に分類される関数といえるでしょう。これは会社の業種による一例です。

　上級編として、文字列操作関数や検索行列関数と呼ばれる関数があります。文字列操作関数は、right関数やleft関数といった文字の一部を取り出すものが代表例です。会社のシステムから落としてきたデータをそのまま使えないため、一部だけ加工して取り出すといった際に用います。これらの関数は、システムデータを加工する作業が多い場合には便利でしょう。

　また、検索行列関数には、すでに紹介したvlookup関数やhlookup関数も含まれます。位置関係をもとに情報を取り出すための関数です。他にも、index関数やmatch関数がよく使われています。これらは、表を作り直す場合や特定の項目や数字を取り出す場合に用います。

　これら文字列操作関数や検索行列関数は、少し理解がしづらく、すべての経理パーソンが必ずしも必要とするものではありません。必要になったときに思い出して勉強するといいでしょう。

61

エクセル関数は500種類近くあるようです。それらをすべて身に付けることは多忙な経理パーソンにとって効率的ではなく、現実的でもありません。そこで、まずは「自分がどのような業務の場面が多いのか」、そして「どのような関数について習得すべきなのか」を意識することから始めてみましょう。

10. エクセルにはたらいてもらうためのセル入力の作法

(1) 1セル1データ

セルに入力する際の原則として「1セル1データ」を守りましょう。

例えば、図のように、商品Aに関する情報として個数と金額がある場合を想定します。このとき、個数と金額のデータは別々のセルに入力しましょう。1つのセルに個数を入力し、別のセルに金額を入力します。

● 1セル1データの例

	A	B	C	D	E
1					
2		2個　400円		2個	400円
3					
4		✕		◯	
5					

個数と金額は異なる情報です。エクセルは1セルを1データとみなしてしまうため、もし同じセルに個数と金額をいっしょに入力してしまうと、個数と金額をセットで1データとみなしてしまいます。すると、1個当たりの平均単価を計算したいと思ったとしても、エクセルを使って計算することが難しくなってしまいます。

これは、システムからデータを落としてきた場合も同様です。例えば、月日データを、月と日に分けたい場合、「区切り位置」という1つのデータを分割する機能を使うと便利です。つまり、1セル1データの状態にすることで、自分が欲しいデータが取り出しやすくなるのです。

第2章 「作る」担当者のためのエクセル戦略① 有形テクニック編

(2) 文字列と数値

　データには、大きく分けて2種類あります。文字列と数値です。文字列というのは、図の「営業部門」のような文字で書かれたデータのことです。そして、数値は、「2」のように数値のみのデータをいいます。この区分は重要です。なぜなら、エクセルは主に数値データを主な対象として考えられているため、使える機能が変わってきます。つまり、**できるだけ数値データにした方が、使いこなしやすいので**す。

　文字列と数値を一目で見分ける方法があります。通常の設定では、**文字列データはセルの左寄せ**で表示されます。一方、**数値データは右寄せ**で表示されます。それでは、「2個」と入力するとどうなるでしょうか。図の通り、左寄せですので、文字列データとして認識されています。つまり、数値と文字列の組み合わせは、まとめて文字列データとして認識されるということです。これでは、使える機能が制限されてしまいます。

● **文字列と数値の違い**

文字列データ（左寄せ）

営業部門

2 個

数値データ（右寄せ）

2

(3) 単位の付け方

　このことを踏まえると、**「単位は直接数値に付けない」**方がいいといえます。そうすることで、数値データとして扱うことができるためです。また、単位を数値と同じセルに何回も入力すると、手数もかかります。さらに、単位とともに数字を入力する場合、全角ではなく半

64

角を選択するのにも、その都度切り替えの手間がかかります。**数字を半角で入力するのは、経理の大事な作法の１つです。**

　次の表は、２つの商品の売上状況をまとめた表です。単位を数値といっしょに入力した場合、合計が計算されません。これは、文字列データは「文字」なので、足し算することができないためです。また、金額と個数を使って売上単価を計算したいと思っても、どちらも「文字」なので、今度は割り算することができません。数字を使う経理パーソンにとっては、単位を数字とともに入力することは、せっかくのエクセルの便利さを無視することになってしまいます。

● 単位の付け方

A	２個	４００円	#VALUE!
B	３個	４５０円	#VALUE!
合計	0	0	#DIV/0!

製品	売上数量（個）	売上額（円）	売上単価（円/個）
A	2	400	200
B	3	450	150
合計	5	850	170

　その代わりに、**単位は列の先頭に、項目名とともに表示する**といいでしょう。項目名の横にカッコ書きで単位を表示する形式もよく使われています。経理パーソンが使うデータは、単位が金額だけではないことも多いので、その場合には列ごとに単位を付けるという方法で対応しましょう。

(4) スペースは入力しない

　実は、エクセルはスペース（空白）ですら、データとして認識してしまいます。見た目を整えたいときであっても、スペースを入力するのはやめましょう。

第 2 章 「作る」担当者のためのエクセル戦略①　有形テクニック編

● 表の見た目を整える

	4月
金額単位：千円	
売上	100
売上原価	30
売上総利益	70
販売費および一般管理費	
人件費	10
広告宣伝費	5
賃借料	20
減価償却費	5
雑費	5
計	45
営業利益	25

　表の見た目を整えるためにスペースを入力するのではなく、インデントという機能を使います。インデントとは字下げのことです。図のように、販売管理費の中には人件費、広告宣伝費などの費用が含まれていることを示したい場合に、これらの勘定科目を1字下げて表示します。

● インデント機能

(5) 端数処理問題

　経理パーソンには、端数をどのように扱うかという問題があります。小数点以下の端数は、四捨五入を使うことが一般的です。これは、個別の数字を合計したものと、合計額として表示されているものとの差が生じにくいためです。

66

そのほか、小数点以下が発生する場面として、千円単位で資料を作るケースが考えられます。扱う数字が大きいため、円単位ではなく桁を3つあげた資料にするのです。このとき、小数点以下に、円単位までのデータを必ず保持しておいてください。つまり、×1000をすれば、いつでも円単位のデータに戻せるようにしておきます。そうすることで、再度データを入手することなく、単位を変更することができます。

それ以外に、見た目だけ千円単位にするという方法があります。［セルの書式設定］―［ユーザー定義］の中の、「#,##0」という欄の一番後ろに「,」（桁区切りカンマ）を追加します。こうすると、中身のデータは「2,000,000」のまま、見た目だけ「2,000」と表示されます。

● セルの書式設定のユーザー定義

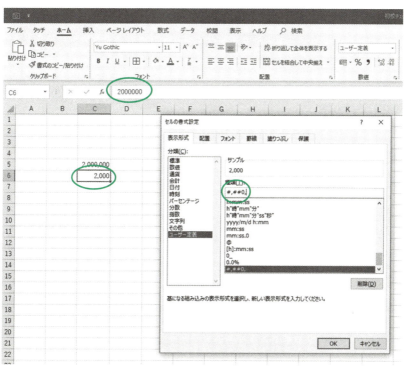

第2章 「作る」担当者のためのエクセル戦略①　有形テクニック編

　ただ、このやり方よりは、どちらかといえば、先ほど紹介した元の円単位のデータを1,000で割るという形の方がいいと思います。なぜなら、見た目と中身が違うというのは、感覚として分かりづらいため、単位変更ミスを誘う可能性があるためです。できる限り、シンプルな方法を採用するというのもミスの防止につながります。

⑹ 計算式は数字をベタ打ちしない

　計算式を入力するとき、次の図の①のように含まれる数字をベタ打ちするのは避けましょう。その数字がどこから来たのかが分かりづらいためです。その代わりに、数字が入力されたセルを参照する形で計算式を作るとよいでしょう（図の②）。図の③のように、複数の数字を参照して合計を計算する場合には、sum関数を使うのがおすすめです。足し算でつないだ場合と比べて、使われているセルの数が少ないため、理解がしやすくなります。

　つまり、**計算式を作る際は、数字をベタ打ちせず、できる限り関数を活用するようにします。**

● 計算式の作り方

	I	J	K	L	M
①	1,110		＝10+100+1000		10
②	1,110		＝M8+M9+M10		100
③	1,110		＝SUM(M8:M10)		1000

第3章

「作る」担当者のためのエクセル戦略②無形テクニック編

1. 「跡が残らない」無形テクニックこそが業務効率化の鍵になる
2. 経理担当者のための5大ショートカットキーはこれだ
3. さらなる効率化を目指すときには「ショートカットキーもどき」
4. ショートカットキーを使いこなすための3ステップ
5. 無形テクニックの原則
6. 「職人技」に頼らない
7. 手入力よりもコピペを極める
8. 置換を使って「繰り返しミス」を防ごう
9. 手で入力するコツ
10. リンクされた数字を更新する
11. データを調べる、理解する

「跡が残らない」無形テクニックこそが業務効率化の鍵になる

(1) 無形テクニックとは

　この章では、エクセルの「無形テクニック」についてお話します。無形テクニックとは、エクセルファイルに「跡が残らない」ワザを指します。皆さんに最もなじみのあるものはショートカットキーでしょう。出来上がったファイルだけを見ても、それを作成した人がショートカットキーを使ったかどうかを知ることはできません。つまり、ショートカットキーというのは、その作業をしている現場を見て初めて分かる機能なのです。**跡が残らない＝「無形」のテクニック**というわけです。

　前章「有形テクニック編」の中では、関数や色の使い方などを紹介しました。これらは後からファイルを見ても、その機能が使われていると分かるため、真似して自分も身に付けることが容易にできます。その一方で、無形テクニックは、作業場面に出くわさない限り存在すら知ることができません。そのため、無形テクニックは、有形テクニックに比べると身に付ける機会が格段に少ないのです。この習得機会の少なさこそが、エクセルスキルの個人差が開く要因といえます。

(2) 無形テクニック習得のコツ

　私が監査法人を経て事業会社に転職した際、最も驚いたのは、経理部門の同僚が目にも留まらぬ速さでエクセル入力をしていたことでした。多店舗展開企業ゆえにデータ量が多いこともあり、同僚は皆ショートカットキーを駆使して、鮮やかな手さばきでキーボードに向かっています。私にはまるで手品か魔法のように見えるほどのスピード感に圧倒されながら、無形テクニックの存在と効果の大きさを実感した

のでした。

このように、**無形テクニックを身に付けるコツは、まずその存在を強く意識する**ことです。「カラーバス効果」という言葉があります。これは、「あることを意識すると、それに関する情報が無意識に自分にたくさん集まるようになる現象」を表す用語です。今、皆さんのデスクの周囲には何か赤い物がありますか？こう聞かれると人は周囲を見渡し、いくつもの赤い物があることに初めて気づきます。質問される以前にもその赤い物は存在していたはずです。しかし、意識することで、ようやくその存在をはっきり認識できるのです。このカラーバス効果と同じで、無形テクニックを身に付けるためには、まずは無形テクニックの存在を強く意識してみてください。

もう1つのコツは、**自分の実務の中の具体的な場面とセットにして、テクニックを理解する**ことです。第2章でも同じ話をしました。関数もショートカットキーも種類が数多くありますので、すべてを身に付けるのは極めて困難です。したがって、どれから身に付けるのかという優先順位を明確にして、自分にとって優先度の高いものから取り組むのが効果的かつ効率的といえます。

経理担当者のための5大ショートカットキーはこれだ

(1) ショートカットキーの仕組み

　ショートカットキーは業務効率化につながるとよく言われます。改めて、なぜそう言えるのか考えてみましょう。最も大きな理由は、物理的な移動時間をカットできるためです。ショートカットキーを使わない場合には、入力していたキーボードからマウスに手を移してクリックする動作を行います。その後、キーボードに再び手を戻します。つまり、キーボードとマウスを往復する時間がかかっているのです。一方、ショートカットキーを使う場合には、マウスに手を移すことなく作業が進められます。

　とはいえ、キーボードとマウスは同じデスクの上にあるのだから、時間の差はそれほど大きくないと考えるかもしれません。確かに、キーボードとマウスの移動に要する時間は往復で2秒程度でしょう。それでも、もし1時間の作業の中で30回程度この動作を繰り返しているとしたら、1時間に60秒＝1分程度の差にはなるのです。皆さんのエクセル作業時間が毎日5時間程度だとして、1か月（20日換算）では、2時間近くまで積み上がります。

　さらに、違いは時間だけではありません。少しずつですが、エネルギーも確実に消費しているのです。移動や細かい作業は手に疲労をため、集中力も使います。つまり、体と頭のエネルギーも多く費やされるのです。

　キーボード上でショートカットキーを使っても、マウスを使って作業しても、同じ機能ですから、その効果は変わりません。それならば、自分の時間とエネルギーを大切にする工夫にぜひ取り組みましょう。

　エクセル作業をはじめ経理の仕事は、1つ1つは大した手間ではな

いものの、「チリツモ」だという話はすでにしました。そうであれば、**使用頻度が高いショートカットキーから優先して覚えることで、「効率的な」業務改善が期待できます。**

また、エクセルというと、とかく「手を動かす」イメージが強いかもしれません。実は、**本当に大事なのは、「頭を動かす」ことです。**例えば、先ほどのようにショートカットキーがなぜ業務効率化につながるのかを考えるのも、その1つです。手だけでなく頭も駆使することで、本質が分かります。その結果、加速度的に業務改善効果が出るようになります。

(2) 経理の基本作法5大ショートカット

すべての経理担当者に必ず押さえてほしい5つのショートカットキーを紹介します。経理の仕事の特性を考えるとどれも必ず必要になります。

① 画面をロックする

私たち経理パーソンは大事な経営情報を扱っています。とくに、上場会社ではインサイダー情報として決算情報は厳重な管理が必要です。そのため、**少しの時間でも離席する場合は、パソコンに確実にロックをかけましょう。**「ロック」とは、パスワードを入力しないとパソコンが見られない状態にすることです。つまり、自分以外の誰かに勝手にパソコンの中を見られないようにします。ロックをかけるには、Windowsキーと L を同時に押します。Lは、Lock（英語で「鍵をかける」の意味）に由来します。

このような基本動作は、早い段階で身に付けた方が得です。情報流出事故が起こってから後悔しても遅いのです。自分が決算情報に触れていないとしても、経理部員のアカウントからは、それらにアクセスできることが多いでしょう。油断してはいけません。**経理を担当する以上、最も優先して身に付けなくてはいけないお作法がロックです。**

第3章 「作る」担当者のためのエクセル戦略② 無形テクニック編

> ・画面をロックする [Windows] + [L]

② 壁紙に切り替える

　自分の席で作業をしていたら、誰かが声をかけてくることもあります。このようなときは、作業しているファイルをまず閉じてから対応するようにしましょう。

　とくに、他部門の人の場合には注意が必要です。部門別PLのような事業情報や人件費データは、個人情報や評価にもかかわるため、目に触れることがないよう気を付けなくてはなりません。本来、これらの情報を扱う際は、隔離された場所で作業できればいいのですが、自席を離れることは難しいことも多いです。そこで、現実的な対応策として、**人の気配を感じたら、すぐに開いているファイルを最小化して、デスクトップ画面（壁紙が見える画面のこと）に切り替えます。**ショートカットキーは、[Windows]キーと[D]です。DはDesktop（デスクトップ画面のこと）から来ています。

> ・壁紙に切り替える [Windows] + [D]

③ こまめに保存する

　仕事中は常にエクセルを開いている経理パーソンは多いでしょう。また、数日かけてエクセル作業を進めることもよくあります。もし数日かけて更新したデータが失われたら途方に暮れてしまいます。ぜひ**こまめに保存する**ようにしましょう。[Ctrl]と[S]がショートカットキーです。SはSave（英語で「保存する」の意味）から来ています。

　経理は数千行にわたるデータや関数をたくさん使ったデータなど、データ容量が大きいファイルを扱うことがしばしばです。ゆえに、他の職種に比べて、途中でパソコンが動かなくなるリスクは高いので

2. 経理担当者のための５大ショートカットキーはこれだ

す。ぜひそのことを自覚して、自衛策をとりましょう。ロックと同様に少し作業したら保存することを、早い段階で癖にするといいと思います。慣れると、無意識にこのショートカットキーを押している自分に気づくでしょう。このショートカットは自分をきっと救ってくれます。

・こまめに保存する　Ctrl＋S

これとは別に、エクセルには自動バックアップ機能というものがあります。私たちが保存の指示をしなくても、定期的にパソコンが自動でデータを保存してくれる機能です。これを使えば、被害を最小限にとどめることができます。初期状態では時間間隔が10分で設定されているようです。時間間隔は変更できますので、10分が長いと思う人は短くしてもいいでしょう。［ファイル］−［オプション］−［保存］というメニューで設定を変更できます。

しかし、自分で保存するという癖をできるだけつけた方がいいと思います。なぜなら、３分前に行った作業がとても大事なものだった場合、自動バックアップでは保存されない可能性があるからです。自動バックアップは念のための保険という位置づけととらえましょう。

第3章 「作る」担当者のためのエクセル戦略② 無形テクニック編

● 自動バックアップの時間間隔

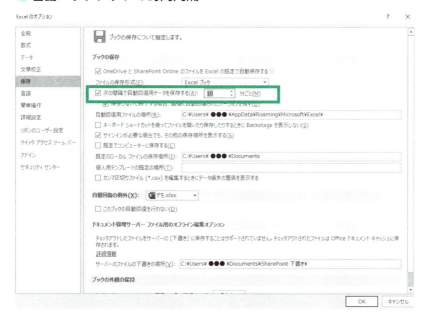

④ 合計値を求める

　私たちの業務では、数字をいくつか入力し、合計を計算する場面が数多くあります。前章の関数の話の中でも、合計を計算するsum関数は全体像を理解するのに役に立つという話をしました。そこで、**数字を複数入力したときには、合計を計算する癖を付けましょう。**

　合計の計算は、もちろん、sum関数の式を入力して合計したいセルをマウスで選択するやり方でも可能です。しかし、同じことをショートカットキー1つで実現することもできます。Altと Shiftと = の3つのキーを、同時に押してみてください。この機能は、「オートサム」と呼ばれます。数字が入力された列の一番下や、同じく行の一番右でこの機能を使うと、列や行の数字を合計する計算式が自動で入力されます。通常のやり方に比べて、対象範囲を選択するためのマウスとの移動を省略できます。

　なお、ショートカットキーなどの機能を覚えるときには、正式名称で覚える必要はありません。皆さんが友人を、姓や名で呼ぶ代わりに

ニックネームで呼ぶのと同じです。自分にとって分かりやすい名前で覚えた方が記憶に定着しやすいものです。例えば、私はこの機能を「オートサム」ではなく、日常では「合計セル」と呼んでいます。

・合計セル 　　Alt + Shift + =

⑤ 桁区切りを入れる

　私たちがエクセルファイルを作るのは、他の人に使ってもらうためです。そのため、入力した数字の見栄えをある程度整える必要があります。例えば、デフォルトの状態でエクセルに数字を入力すると、その数字は桁区切りがない形で表示されますので、私たち経理パーソンのお作法である**「桁区切りのカンマ」**を入れます。

　ところで、桁区切りは何のために存在するのでしょうか？パッと見てすぐに金額が分かるように、そして読み取りを間違えないようにするためです。これも大きな金額を扱うことが多い経理に脈々と受け継がれている知恵といえますね。このように、ぜひ時間があるときに「当たり前」にやっていることの目的を考えてみてください。多くのことは、効率性と正確性の両方につながっていると気づくと思います。

　さて、その桁区切りのカンマを入力するためには、対象の数字を選択し、メニューバーから「桁区切りスタイル」ボタンを押す方法を取る人が多いと思います。この機能にもショートカットキーが存在します。3つのキー、Ctrl と Shift と 1 （数字のいち）を押してみてください。カーソルをメニューバーに持って行かなくても、桁区切りのカンマが入りました。通常の方法と比べると、メニューバーとセルの往復の分だけ時間とエネルギーが省略できます。

　このショートカットキーは、桁区切りのカンマを入れる場合だけでなく、整数表示したい場合にもおすすめです。千円単位の金額表示や平均単価の計算など、実務では小数点以下の端数が発生することがあ

ります。エクセルの表示上は、小数点以下が見えていると細かすぎるので、これもお作法の一種として、整数表示にするのが一般的です。桁区切りのショートカットキーを押すことで、カンマが入ると同時に、整数表示になります。

・桁区切り　　[Ctrl] + [Shift] + [1]

(3) 1手の違いにこだわる

経理パーソンの皆さんに最もなじみのあるショートカットキーは、[Ctrl]+[C]と[Ctrl]+[V]の2つでしょう。コピーと貼り付けのショートカットキーです。経理の仕事には転記作業も多いため、この2つは無意識に手が動く人も多いのではないでしょうか。

これらをパワーアップさせた、**コピーと貼り付けを一気に行うショートカットキー**が実は存在します。すぐ左のセルをコピーしたい場合、貼り付け先のセルを選んだ上で[Ctrl]と[R]を押します。ちなみに、右（Right）に貼り付けるという趣旨で、[R]のキーが割り当てられているようです。これを使えば、貼り付け元から貼り付け先へ、セルを移動せずにすみます。

● コピーしてすぐ右に貼り付け

①貼り付けしたいセル（＝コピーしたいセルの右となりのセル）を選択　　②[Ctrl]+[R]（右にコピーのショートカット）を押す　　③貼り付け完了

同様のショートカットキーとして、[Ctrl]と[D]があります。これらを同時に押すと、今度はすぐ上のセルをコピーして下のセルに貼り付

けることができます。これもDown（下）に由来するようです。

● 1手で完結するショートカットキー

・左のセルをコピーして右に貼付け 　　Ctrl + R
・上のセルをコピーして下に貼付け 　　Ctrl + D

　ここまで、物理的な移動を省略できるのがショートカットキーの強みだとお話ししてきましたが、もう少し細かく「手の数」という切り口から見てみましょう。一般的なCtrl + CとCtrl + Vを使う場合、①コピーのキーを押す、②貼り付け先のセルへ移動する、③貼り付けのキーを押す、3手が必要になります。これに対して、ここで紹介したショートカットキーであれば、1手で作業が完結します。つまり、単純比較で3分の1の手数になるのです。

　とくに、コピーと貼り付けは非常によく使う機能です。ゆえにその「チリツモ」効果は絶大です。頻繁に使う機能については、ショートカットキーを見つけて終わりではもったいないのです。より効率的なショートカットはないのか、ぜひさらなる改善ができないのかこだわって追求しましょう。

(4) 職人にならない

　経理パーソンが使うエクセルファイルは縦横に大きいため、画面を移動して見ることも多くあります。そのため、マウスに手をかけてホイールをくるくると回すことで、画面をスクロールさせる姿をよく見かけます。その度に、マウスとキーボードの往復分の手数と時間がかかってしまいます。

　マウスでスクロールしようとすると、どうしても手で微妙な調整をする必要が出てきて、まるで「職人技」のようです。このような細かな動きは、手の負担になり、かつ集中力を浪費してしまいます。極力

避けるようにしましょう。その代わりに、規則的に動かすことができるショートカットキーを使います。

例えば、表の下の方を画面に映したい場合には Pagedown というキーがあります。また表の端まで移動したい場合には Ctrl と、移動したい方向の矢印キーを押すことで端まで一気に移動できます。そして、別のシートを表示したい場合には、Ctrl と Pagedown または Pageup のキーを押すことで右や左のシートに移動できます。

● ショートカットを活用した移動方法

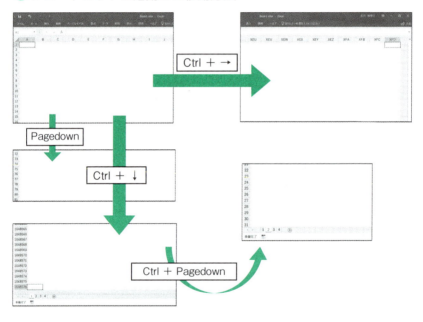

また、表全体を指定したい場合には、その表のどこかのセルにカーソルを合わせた上で、Ctrl と A のキーを同時に押すと、表の端から端までを選択できます。例えば、表を丸ごと別の場所に貼り付けるときにおすすめです。この方法なら表全体を漏れなく対象にできます。時間短縮と同時に、正確性向上にも役に立つのです。

経理の業務では大きな表を見たり、複数のファイルを参照したりと、移動が頻繁に発生します。その都度マウスに手をやってホイール

2. 経理担当者のための5大ショートカットキーはこれだ

を回すと、手にかかる負担も大きくなってしまいます。そのため、経理パーソンには腱鞘炎の悩みを抱える人も多いようです。手の負担を減らすという観点からも、なるべく負担の少ないショートカットキーを身に付けることが、自分のために大切です。

● 職人にならないためのショートカットキー

・1ページ分上下に移動　　`Pagedown` / `Pageup`
・表の端まで移動　　`Ctrl` ＋行きたい方向の矢印キー
・シートを移動　　`Ctrl` ＋ `Pageup` / `Pagedown`
・表全体を選択　　`Ctrl` ＋ `A`

3. さらなる効率化を目指すときには「ショートカットキーもどき」

　ショートカットに含まれるキーがなかなか覚えられないと悩んでいる人もいるかもしれません。そこで、キーヒントと呼ばれる「ショートカットキーもどき」の機能を紹介します。Altキーを押すと、メニューの下にアルファベットが表示されます。このどれかを押すと、選んだメニューの下にさらに別のアルファベットが表示されます。**表示されたアルファベットキーを押していくことで、使いたいメニューを指定するのがキーヒント**です。ショートカットは複数のキーを同時に押すのに対し、キーヒントは順々に複数のキーを押す場合もあります。よって手数としては1手と3手（キーヒントを3回押す場合）の違いがありますが、使用頻度が低い機能であればこの手数の差は問題になることはないでしょう。つまり、キーを覚えなくても、ショートカットと同様の時短効果を期待できます。ショートカットキーほど頻繁に使わない機能に適しています。

● キーヒント（罫線を引く場合の例）

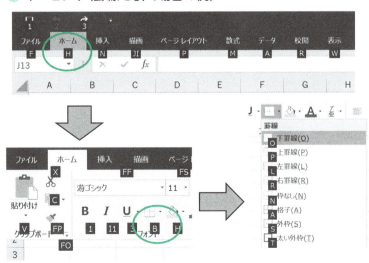

3. さらなる効率化を目指すときには「ショートカットキーもどき」

また、この機能は、ショートカットキーと組み合わせて活用することもできます。例えば、Ctrl + 1 のショートカットキーを使うと、図のような「セルの書式設定」の画面が表示されます。この後の操作で「ショートカットキーもどき」が活躍します。

●「ショートカットキーもどき」と「ショートカットキー」の合わせ技

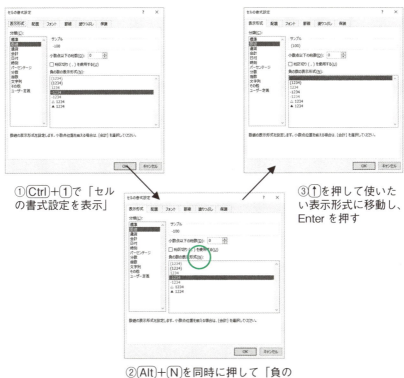

① Ctrl + 1 で「セルの書式設定を表示」

② Alt + N を同時に押して「負の数の表示形式」機能を選択

③ ↑ を押して使いたい表示形式に移動し、Enter を押す

せっかくはじめにショートカットキーを使っても、途中からメニューの選択にマウスを使ってしまっては効果が半減します。その代わりに、ここで「ショートカットキーもどき」を使いましょう。機能の右側のカッコ書きの中に下線が引かれたアルファベットがあります。このアルファベットと Alt を同時に押すと、その機能を選択できます。

その上で、矢印キーで目的の項目を選択すれば、マウスに触れずに作業を完了できます。

　キーヒントの最大のメリットは、すべての機能に割り当てられていることです。ショートカットキーは、原則として、一般的に使用頻度が高い一部の機能のみが対象で、その数はエクセル全体で230個程度のようです。したがって、ショートカットキーと「ショートカットもどき」を両方使うことで、自分の業務に合わせた効率化ができるのです。

ショートカットキーを使いこなすための3ステップ

　ショートカットキーが業務効率アップにつながる仕組みは理解できたかと思います。続いて、ショートカットキーを効率よく身に付ける手順を紹介します。ショートカットを身に付けるのに時間がかかってしまったら本末転倒です。ここでも、「効率の良さ」にこだわりましょう。

● ショートカットキーを効率よく身に付ける手順

⑴自分がよく使う機能を「特定する」
⑵そのショートカットを「調べる」
⑶ショートカットを「覚える」

⑴ 特定する

　まず、自分がよく使う機能を特定することがスタートです。すべてのショートカットキーを覚えるのは時間がかかってしまいます。そして、よく使う機能についてショートカットを取り入れることで、大きな時間短縮効果が見込めるのです。よく「ショートカットキーで時間短縮」という記事や書籍を目にしますが、キー自体から入ることは、実はとても効率が悪いのです。なぜなら、紹介されているショートカットキーの機能には、自分の業務では使わないものも多いためです。つまり、ショートカットキーそのものからではなく、機能から入ることが大切なのです。

　巻末のショートカットリストは、経理部門でよく使うショートカットをまとめたものです。移動、入力、計算、表示といったように業務の流れに合わせて、並べています。入力や計算をしないことにはファ

第3章 「作る」担当者のためのエクセル戦略②　無形テクニック編

イルはできあがりません。しかし、実際には、ファイルを眺めて理解するなど、移動や選択にも多くの時間が割かれています。したがって、**入力や計算といった「実作業」はもちろん、「前さばき」に当たる移動や選択に関するショートカットも押さえましょう。**

　このショートカットリストではさらに、経理実務のどのような場面で使えるのかも紹介しています。業務の流れと場面をもとに、自分がよく使う機能を見つけましょう。

(2) 調べる

　自分がよく使う機能が特定できたら、次に、その機能のショートカットキーが具体的にどのキーなのか調べてください。エクセルに関する書籍を使っても、インターネットで調べてもよいでしょう。

　書籍を使う場合には、目次を活用すると効率的です。目次には、通常、機能名が載っている場合が多いので、自分がよく使う機能のページを特定して、効率よく参照できます。また、機能別に紹介されている場合も多いので、すでに使っている機能と同じカテゴリを見てみると、新たなショートカットキーを習得するチャンスにもなります。このように、書籍は、目次を「カタログ」として使うとよいでしょう。

　また、インターネットで調べる場合には、複数のウェブサイトを参照すると便利です。もちろん、エクセルの発行元であるマイクロソフトの公式サイトは正確なので重宝します。ただ、情報量が多いためにかえって分かりにくいことがあるかもしれません。その場合には、他のサイトも見てみるとよいでしょう。とくに、エクセルの画面の写真が掲載され、かつ具体例が紹介されているサイトが分かりやすいです。なお、巻末のショートカットリストは、機能に対応するショートカットを載せてあるので、「調べる」を省略できます。

4. ショートカットキーを使いこなすための3ステップ

(3) 覚える

　そして、意識せずとも手がショートカットキーを押せるようになるには、覚える必要があります。覚えるコツをいくつかご紹介します。

① 英語で覚える

　英語が好きな人は、**ショートカットキーを覚える際に由来や意味に注目してみると記憶しやすい**でしょう。ここまでのショートカットキーの説明でも、由来となっている英語を紹介してきました。ショートカットキーのアルファベットには、意味があることが多いのです。これを活用するのもいいでしょう。

　例えば、エクセルの表の中で、目立たせるために、フォントを太字にすることがあります。これも該当するショートカットキーがあり、Ctrlと Bです。Bは、Bold（英語で太字の意味）の略です。同様に、下線の場合はU、斜体の場合はIのキーを、それぞれCtrlと一緒に押します。UはUnderline（下線の意味）、IはItalic（斜体の意味）にそれぞれ由来しています。似たものをセットにすると、より覚えやすいでしょう。

② グループで覚える

　桁区切りのショートカットキーはすでに紹介した通り、Ctrl + Shift + 1 でした。桁区切り同様に、私たち経理パーソンが使う数字の表示方法に、パーセンテージがあります。とくに、売上高構成比やBSの構成比などでよく見かけます。例えば、「0.1」を「10%」というパーセンテージ形式で表示するためのショートカットは、Ctrlと Shiftと 5 を同時に押します。ちなみに、Shiftと 5 の2つのキーを同時に押すと、%ですので、3つも覚えられないという人は、Ctrl + %と覚えてもいいでしょう。

　よく見ると、桁区切りのショートカットとよく似ていることに気づきます。最後の1を5に変えただけです。これも決して偶然ではな

第3章 「作る」担当者のためのエクセル戦略② 無形テクニック編

く、数字の表示方法に関するショートカットとして共通性があるために、似たようなショートカットキーを使っているようです。このように、Ctrl＋Shiftは数字の表示方法の変更というグループで覚えるのもよいでしょう。

③ イメージで覚える

　巻末のショートカットリストを見ると、CtrlとShiftがよく出てくることに気が付きます。この２つには実はそれぞれ特徴があります。登場頻度が高いこれらの特徴を押さえることができれば、ショートカットキーを理解しやすくなります。

　例えば、Ctrlと→を押すと、シートの右端のセルまで一気に移動します。一方、Shiftと→を押した場合には、今いたセルとすぐ右横のセルの２つのセルの両方を選択します。

　つまりCtrlでは、隣に動くのではなく端まで移動します。しかし、範囲を選択しません。一方、Shiftは、小さく動き、かつ複数を同時に選択するのです。つまり、Ctrlは「飛ぶ」、Shiftは「広げる」のイメージでまとめることができます。

　それでは、右端のセルまですべてのセルを指定したい場合には、どうしたらいいでしょうか。答えは、Ctrl＋Shift＋→です。両方のキーを使うことで、一気に右端まで行きながら、選択範囲を広げることができます。

● CtrlとShiftのイメージ

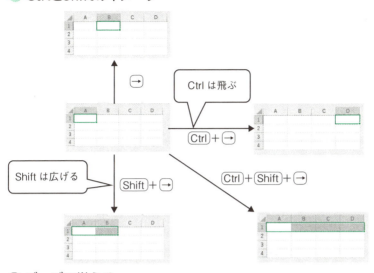

④ グッズで覚える

　私は、覚えたいショートカットをすぐ確認できるように、リストにしていました。それをデスクの前に貼り出しておき、覚えられたら横線を引いて消し込みます。それ以外にも、急ぎで覚えたいものは付箋に書いてパソコンに貼ることもありました。あの手この手で身に付けました。これらの方法は、「習慣化」を扱った本で紹介されている手法を参考にしています。ショートカットキーがなかなか身に付かないと悩んでいる人は、このような本に目を通して自分に合う方法を探すのもヒントになるでしょう。

　よく使う機能を特定し、ショートカットキーを調べて、体に覚えさせる。

　このすべてのステップを経ることで、ようやくショートカットキーを「使える」状態になります。ショートカットキーを知っているだけでは、当たり前ですが、業務効率化の効果は決して出ません。新しいことを覚えるのは億劫に感じるものですし、習慣を変えるには多少なりとも時間がかかります。ですので、自分にとって効果が高いショートカットキーに限定して、取り組むようにしましょう。

5. 無形テクニックの原則

(1)「動かない」

　ここからは、ショートカットキー以外の無形テクニックについて見ていきます。まずは原則を確認しましょう。

　無形テクニックの原則の1つ目は、「**動かない**」です。前述した通り、ショートカットキーが業務の効率化につながるのは、マウスとキーボードの間で手の移動にかかる時間を減らせるからです。これは、ショートカットキーだけに限らず、作業をする上での鉄則でもあります。当たり前のことではありますが、なるべく手を動かさずに業務を進められれば、動かす場合と比べて、移動にかかる時間をカットすることができるのです。

　「動かない」対象は、手だけではありません。例えば、できる限り印刷をしない努力も役に立ちます。印刷した紙を複合機に取りに行く時間が削減できるからです。もし折悪しく他の人とタイミングと重なってしまい、すぐに自分の分が印刷されずに出直したりすれば、複合機までの2往復分の時間が取られます。さらに、自分が印刷するときに限って、なぜか用紙切れや紙詰まりが起こり、四苦八苦した経験がある人も多いと思います。このような想定外のトラブルを避けるためには、そもそも印刷しないのが一番です。つまり、これは体が「動かない」ということです。

①ダブルディスプレイ

　印刷する代わりに、ダブルディスプレイを使用する経理パーソンが増えています。ディスプレイを2画面用意して、以前であれば印刷していたデータを、サブディスプレイの画面に表示するというやり方です。タブレットを活用するのもよいでしょう。Windows上の「設定」

5. 無形テクニックの原則

機能を使って、「マルチ（複数の）ディスプレイ」から「拡張」等を選択すると、各ディスプレイに異なる画面を表示できます。

②カメラ機能

経理パーソンにとくにおすすめなのは、エクセルの「カメラ」と呼ばれる機能です。次ページの図では、左上の小さな枠で囲まれた部分に、カメラ型のアイコンが表示されています。通常メニューバーには表示されない機能なので、自分で追加する必要があります。いわば「隠れキャラ」のような存在ですが、実は使っている経理パーソンからの評価は高い、すぐれものです。

経理の業務の中で、複数のファイルを比較する場面はよくあります。このとき、比べる対象のすぐ隣にもう一方のデータを持ってくることができれば、作業が楽になります。カメラ機能を使えばこれが可能です。図の右側の枠内がカメラ機能を使って表示したデータです。まるでカメラで写真を撮ったかのように、本来別の場所にあるデータを切り取って貼り付けることができます。また、セルに直接貼り付けないので、貼り付け先のセルの形を気にする必要がありません。

切り取った部分だけではなく、元データ全体に戻りたい場合には、カメラ機能を使って表示したデータをダブルクリックすると、元のデータに瞬時に戻ることができます。また、あくまで一時的な貼り付けなので、消去も簡単にできます。つまり、通常のデータの貼り付けとは異なり、**カメラ機能は暫定的にデータを表示したい場合にとても有効なテクニック**なのです。

●「カメラ」機能の追加方法

1. 左上［クイック アクセス ツールバーのユーザー設定］＞
   ［その他のコマンド］
2. 「リボンにないコマンド」から「カメラ」を選択
3. 「追加」を押す

●「カメラ」を使った表示例

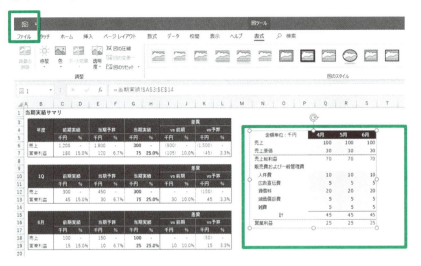

(2)「動かさない」

　無形テクニックの原則2つ目は、**「動かさない」**です。経理のデータは計算式や関数が多いため数字を更新すると、それを計算処理するのにパソコンがその他の作業を受け付けなくなることがあります。パソコンの処理の都度、作業が中断されては仕事が進みません。そこで、そのような場合には、パソコンが自動で計算を行わないようにすることができます。つまり、パソコンを都度**「動かさない」**ことで、私たちの作業のスピードを上げるのです。

　エクセルには［数式］－［計算方法の設定］というメニューがあります。通常は自動が選択されているため、私たちが何か入力をすると、その瞬間に再計算が自動で行われます。ここで、手動を選ぶと、私たちが再計算を指示したタイミングでのみ再計算が行われます。

　データ容量が大きいファイルを扱っていて、都度計算を回さなくていいのであれば、自分が離席するときや作業が一段落ついたときに、［数式］－［計算方法］に含まれる「再計算実行」のキーを押します。なお、F9のショートカットキーでも再計算を行えます。

(3)「止めない」

無形テクニックの原則３つ目は、**「止めない」**です。「動かない」「動かさない」と矛盾して聞こえるかもしれません。つまりは、「必要以上に動かさず、必要な場合にはまとめて動かす」ということです。

① 事前の段取りが大切

「止めない」ためには、まず**作業の段取りを考えてからエクセルに触る**ようにしましょう。例えば、何か表を作成するときには、まず設計図を描くようにしてください。縦軸と横軸に何を持ってくるのか、中身の数字の金額単位はどうするのか、複数枚シートを作成する場合にはどのようにシートを分けるのか、などをまず手書きでデッサンします。建物や設備を作るときに、必ず設計図を起こすのと同じです。そうすることで手戻りが減ります。

また、手書きで表を描く方が、エクセルで表を作るよりも圧倒的に速いと思います。なぜなら、まだイメージがはっきりしない段階で試行錯誤するのに、エクセルは向いていないのです。その代わりに、一旦決まった形を実際に成形していく上では、簡単な操作できれいな表が作成できる、とても優れたツールといえます。このようなエクセルの性格と、自分が取り組む作業の特性を踏まえて、ぜひツールを上手に使い分けるようにしてみてください。

②「止めない」キーボード選び

自分に合うキーボードを使うことも「止めない」ためには有効です。メーカーによってキーの配置やキーを押したときの固さが異なります。ぜひ**自分が最も慣れ親しんだキーボードを使う**ようにしましょう。ノートパソコンを使用している場合、外付けキーボードといって、パソコン本体とは別のキーボードを接続して使うことも可能です。

自分を機械に合わせるのではなく、**機械を自分に合わせることがス**

ピードアップにつながります。これも、ショートカットキーの使用と同様に、負担が減るため腱鞘炎対策にもなります。

　キーボードとディスプレイは、電卓と合わせて「経理3つの商売道具」といえます。以前はよく、電卓はカシオ派かシャープ派かという話を経理担当者同士でしたものでした。ふと気が付けば、電卓よりもパソコンを使っている時間の方が長い、そんな時代です。道具へのこだわりは、電卓以上にキーボードに向けるべきなのかもしれません。

6. 「職人技」に頼らない

　この章の前半で、「マウスのホイールをくるくる回して移動するような職人技は使わないように」という話をしました。手を使わないようにして、時間とエネルギーを節約するためです。これ以外にも職人技を駆使してエクセルと向かいあう経理パーソンを見かけることがあります。しかし、私たちは経理パーソンであって、「エクセル職人」ではありません。ぜひ職人技を磨く代わりに、エクセルを活用しましょう。

　例えば、私たちが扱う数字の桁は大きいため、エクセルの画面上で数字が「###」と表示されてしまう場合がよくあります。数字を全桁表示できるよう、列の幅を調整するやり方はいくつかあります。

　各列の間にカーソルを持っていき、望む幅に手動で調整するやり方も１つです。ただ、これは「職人技」です。この方法では、自分の目で見て適切な幅を判断し、実際にその幅まで手を動かす必要があります。その他に、幅を設定するメニューを呼び出して、数値を入力して指定する方法もあります。ただ、どのくらいの幅に変更したらよいのか数字で指定するのは普通の人には難しいでしょう。

　最も効率的なのは、**動かしたい列の間にカーソルを持っていき、ダブルクリックする方法**です。これは、エクセル自らがセルに入力されているデータの幅を捉えて、適切な列の幅を自動で判断し、変更してくれる機能です。エクセルには、このよう

● 列の幅の調整方法

AとBの列の間にカーソルを合わせてダブルクリック

	A	B	C
1	4月	5月	6月
2	###	###	###
3	###	###	###
4	###	###	###
5	###	###	###

第3章 「作る」担当者のためのエクセル戦略②　無形テクニック編

な気の利いた機能が多くあります。職人技になっていると感じた作業
があれば、ぜひそれを代わりに助けてくれるエクセルの機能がないか
探してみるようにしてください。

7. 手入力よりもコピペを極める

経理の作業はたくさんの数字を入力します。しかし、実際に手で数字を入力するより、別のデータからコピーして貼り付けを行う場合も多いでしょう。すでに瞬間コピーのショートカットキーも紹介しましたが、コピー＆貼り付けにはまだまだ活用の余地があります。

(1) 王道の3種類

図に表示された「形式を選択して貼り付け」のメニューの中でも、数式、値、書式のみを指定するものは使った経験がある人も多いでしょう。

● 「形式を選択して貼り付け」　王道の3種類

「数式のみ貼り付け」は、作った計算式を他のセルにも使いたいと

きに役に立ちます。

　また、「値のみ貼り付け」は、決算で数字が確定した後に使うと便利です。

　「書式のみ貼り付け」は、以前作成した表の体裁をそのまま活用したいときにおすすめです。経理部内で使う表でも、フォントの種類や大きさ、色など体裁について決めなくてはいけないことは多くあります。これをその都度ゼロから決めるよりは、以前作った表をそのまま転用する方が大幅な作業時間の短縮になります。

　さらに、経理担当者におすすめしたいのは、「罫線を除くすべて」の貼り付けです。罫線入りの表を作成したあとに、中身の数字の計算式を作成したり、桁区切りやパーセントなどの表示形式を整えることがあります。このとき、通常の（すべて）貼り付けでは、せっかくきれいに作成した罫線が壊れてしまいます。こんなときが、この「罫線を除くすべて」の貼り付けが効果を発揮します。

　図のように、売上高構成比の計算式を一番下の行にまでコピーしたいときにはうってつけです。すでにひいた罫線に影響することなく、パーセンテージの表示形式のままコピーすることができるのです。

　貼り付け先の範囲を指定するのにも、すでに身に付けた Ctrl と Shift を使った移動方法を使ってみるといいと思います。マウスに手をもっていきクリックしながら営業利益の行までカーソルを動かすのはやめましょう。移動時間がもったいありません。隣の金額の列を見ると、すでに一番下までデータが入力されているので、これをたどる形で移動します。こうすることで、マウスを使わず、かつ１つ１つ矢印キーで移動することもなく、４手で売上高構成比の範囲を指定することができます。

　また、ここでは先ほど紹介したキーヒントも使っています。 Ctrl ＋ Alt ＋ V で「形式を選択して貼り付け」メニューを呼び出した後、「罫線を除くすべて」の右横に「X」と書かれているのを確認して、Alt と X を同時に押します。こうすると、「罫線を除くすべて」が選択されるので、Enter を押すことで実行できます。

7. 手入力よりもコピペを極める

●「罫線を除くすべて」貼り付けの活用例

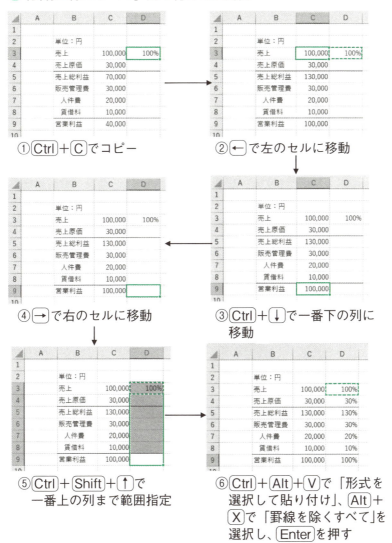

　このように、**貼り付ける構成要素を一部だけ選べるのが「形式を選択して貼り付け」の最大の強み**です。ぜひその特性を活かし、例示したようにどのような業務場面で活かせるのかを意識して、実際に使ってみるようにしましょう。

　「形式を選択して貼り付け」は便利な機能なので活用したいもので

第3章 「作る」担当者のためのエクセル戦略② 無形テクニック編

す。ショートカットもぜひ押さえましょう。ショートカットキーは、「Ctrl+Alt+V」です。

(2) 金額単位を千円に変更したい

「形式を選択して貼り付け」には、経理パーソンにとって使える機能がまだまだ隠されています。私たちの業務の中では、表の金額単位を円単位から千円単位に変更する場面も多くあります。この場合、「形式を選択して貼り付け」の「数式」に加えて、**「除算」機能**を使うと、一気に換算できます。

まず、①「1000」をどこか適当なセルに入力してコピーします。そして、②単位を変更したい数字を選択します。それから、③「形式を選択して貼り付け」メニュー上で、「数式」と「除算」を選択してOKを押します。すると、コピーした数字で、貼り付け先の数字を割り算してくれます。逆に、千円単位で作成された表を円単位に直したい場合は、「数式」と「乗算」を選びます。他にも、円建ての決算書をドル建てに換算するときにも、この機能は便利です。

● 円単位から千円単位に変換する例

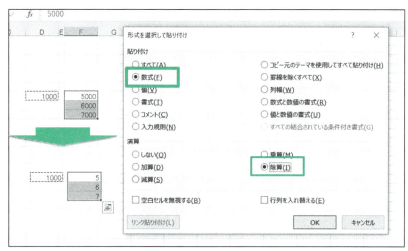

7. 手入力よりもコピペを極める

　新たな機能を知ったときには、自分の業務の中でどのように使うことができるのか、具体的に考えてみてください。テクニックを知るだけでは、業務改善にはつながりません。自分の業務の場面に落とし込んで考えることで、活用の機会が一気に広がります。

(3) 横の表を縦にしたい

　私たちの業務の中では、システムからエクスポートしてきた帳票の数字を転記する作業がしばしば発生します。落としてきた帳票は横長なのに、転記先のデータ形式は縦長。縦横を逆転させないといけないケースはどう対応したらよいでしょうか。

　下記の「横の表を縦の表にする例」を見てください。「形式を選択して貼り付け」の中には、縦横を入れ替える機能があります。メニューの一番右下にある**「行列を入れ替える」**です。間違っても、元の帳票の形式に合わせてエクセルの表の縦横を決めてはいけません。ファイルを作るのは、その後何かに活用するためです。**活用の目的を最優先に、ファイルの体裁を決める**ようにしましょう。そのために、この縦横を入れ替える機能が役に立ちます。

　行列を入れ替える場合、貼り付けの形式を、「すべて」ではなく「数式」のみや「値」のみと合わせて選ぶこともできます。このように、「形式を選択して貼り付け」について組み合わせが可能な機能のパターンは膨大にあります。それぞれの内容を理解して、自分に合った形にカスタマイズして使えるとよいでしょう。

● 横の表を縦の表にする例

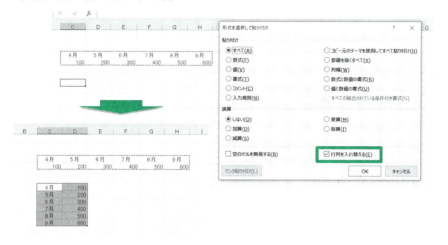

(4) リンクを効率的に貼り付けたい

　経理では、「リンクを貼り付ける」作業も多く発生します。リンクを貼り付けたいと思ったときに、自分が今リンク元のファイルにいるのか、それともリンク先にいるのかによって、どの手順を使うと最も効率的なのかは変わってきます。

　まず、リンク元ファイルにいる場合には、①リンク元のセルをコピーし、②リンク先に移動した上で、③「形式を選択して貼り付け」の中の左下「リンク貼り付け」を選んでください。合計３手の手数で、リンクを貼ることができます。

　一方、リンク先のファイルにいる場合には、①まずリンク先のセルに「＝」（イコール）を入力して、②リンク元に移動し、③その後リンクさせるセルを選びましょう。こちらも３手で済みます。

7. 手入力よりもコピペを極める

●「リンク貼り付け」のボタン

形式を選択して貼り付け	? ×
貼り付け	
● すべて(A)	○ コピー元のテーマを使用してすべて貼り付け(H)
○ 数式(F)	○ 罫線を除くすべて(X)
○ 値(V)	○ 列幅(W)
○ 書式(T)	○ 数式と数値の書式(R)
○ コメント(C)	○ 値と数値の書式(U)
○ 入力規則(N)	○ すべての結合されている条件付き書式(G)
演算	
● しない(O)	○ 乗算(M)
○ 加算(D)	○ 除算(I)
○ 減算(S)	
□ 空白セルを無視する(B)	□ 行列を入れ替える(E)
リンク貼り付け(L)	OK キャンセル

　どちらか一方のやり方しか知らない場合、移動の分、「手」の数が増えてしまいます。以前に説明した通り、頻度が高い作業については「たかが1手、されど1手」です。この両方を無意識に使い分けられるようになると、リンク作業の効率が上がります。

103

8. 置換を使って「繰り返しミス」を防ごう

　入力を効率化するためには、すでに入力済みのデータを活用することが大事です。入力の繰り返しを極力避けることができれば、結果的に時間短縮につながります。「形式を選択して貼り付け」も、すでに入力済みのデータを、使いたい構成要素を選んで転記することで、ゼロからの入力や作成を不要にする機能でした。同様に、「置換」機能もすでに入力済みの内容を活用して、手入力を不要にします。とくにその特徴は、**すでに存在する関係性をもとにグループ化した上で、一気に更新する**点にあります。

　私たち経理パーソンの作業は、決算に代表されるように繰り返しが多いという特徴があります。例えば、年度決算のデータの中に、「X1年度」という記述があった場合、翌年度の決算では、「X2年度」に更新する必要があります。このような記述がいくつもある場合は、置換という機能を使えば一気に変更できます。自分の手で1つ1つ変えるのに比べて、時間が大幅に短縮できます。そして何よりも、エクセルの「置換」機能は人間の作業と違って見落としがないので、作業に抜け漏れがないのは大きなメリットです。

　具体例を見てみましょう。図のようないくつかの種類の数字を比較した表は、報告用資料としてよく見かけます。この表を翌年度の決算のために更新する場合、置換機能を活用できます。

8. 置換を使って「繰り返しミス」を防ごう

● 置換の順番

1			②		①	
2						
3	（単位：千円）	2016年実績	2017年予算	2017年実績
4	年間売上	1,200	1,800	300
5	年間営業利益	180	120	75
6					
7					
8	（単位：千円）	2017年実績	2018年予算	2018年実績
9	年間売上	1,200	1,800	300
10	年間営業利益	180	120	75
11					

　まず、①「2017」を「2018」にすべて置換し、その後、②「2016」を「2017」にすべて置換します。このときのポイントは、**順番**です。もし先に、「2016」から「2017」への置換を実行してしまうと、3列の項目すべてが「2017」になってしまいます。そうすると、どれが本当は「2018」に置換すべきものなのか分からなくってしまいます。自分であらかじめ記憶しておくこともできますが、手間がかかりますし、ミスの可能性が生じます。このような作業に頭と手を使っていては、いつまでたっても効率や正確性は上がりません。

　最も効率的なやり方を選ぶようにしましょう。そのための鍵は、すでに存在する関係性を生かすことにあります。つまり、元々資料の中にある2016年グループ（グループといってもここでは1種類のみ）と2017年グループ（2種類）をそのまま活用します。

　もう1つの実務上のポイントは、**数を確認する**ことです。置換を行うと、「XX件置換しました」と置換された件数が表示されます。この実際に置換された数と、自分が把握していた置換されるべき数が一致しているかを確認するようにしてください。例えば、図の例では、1回目の「2018」への置換は2件、2回目の「2017」への置換は1件が、置換されるべき数です。置換後に表示された数が、これより多く

105

も少なくもないと確認することで、抜け漏れなく、また余分に置換がされていないかチェックできます。とくにこの確認は、置換すべき箇所が多い場合には必ず行うようにしましょう。

● 置換された数の確認

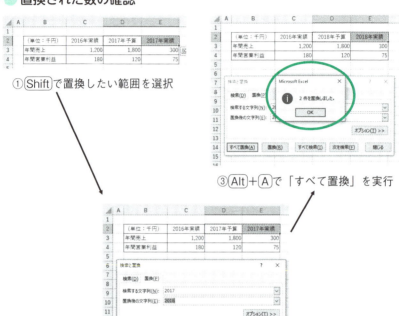

また、計算式の一部も置換できます。例えば、月次で、他のデータからリンクを張ることで数値を転記している場合、置換機能を使って、データ元のファイル名を前月分から当月分に変更できます。**置換機能のポイントは「瞬時に」「漏れがなく」作業できる点**です。うまく活用すれば大幅な効率化ができます。

置換の対象範囲を限定することもできます。例えば、範囲をアクティブにして指定することで、その範囲内だけを置換できますし、シート全体またはブック（＝ファイル）全体を対象にすることも可能で

8. 置換を使って「繰り返しミス」を防ごう

す。

● 置換範囲の指定方法

さらに、「すべて置換」ではなく「置換」を選ぶことで、1つ1つ置換されている内容を確認しながら進めることも可能です。どの部分が置換されるのか心配で確認したい場合にはこちらを選ぶとよいでしょう。

たくさんの数の置換を行う場合には、念のため実行する前に、その時点のファイルを保存しておくようおすすめします。念のため保存するファイルのことを「バックアップファイル」と呼びます。万が一想定通りに置換されなかった場合に、やり直しできるようにするためです。置換に限らず、**大きな作業をする前にはバックアップファイルを取っておきましょう**。そうすれば、失敗を恐れずに安心して新しい機能を試すことができます。

107

9. 手で入力するコツ

(1) セル移動はエクセルにまかせる：TabとEnterの違い

　エクセルで複数のセルを入力するとき、エクセルに移動の方向を案内してもらうのも有効です。

　通常、エクセルで入力を行う際、Enterキーでデータを確定すると、すぐ下のセルに移動します。例えば、表を作っていて、まず横軸を入力したい場合には、ぜひ**入力したい横軸の範囲をすべて選択する**ことから始めましょう。そして、左端から入力してEnterを押すと、今度はすぐ右のセルに移動してくれます。つまり、移動範囲をあらかじめ指定したので、エクセルが次を案内してくれたのです。

　さらに、表を入力するなど縦横に移動する場合にはEnterとTabの2つのキーを使い分けると便利です。図のように3マス×3マスの表を埋める場合、まず縦に入力したい場合には、表全体を指定した上で、Enterキーを使うと縦方向に動いていきます。一方、横方向に入力した方がやりやすい場合には、同じく全体を指定した上で、Tabキーを使って移動します。つまり、「Enterは縦、Tabは横」と覚えておくといいでしょう。

● Enterキーの移動順　　● Tabキーの移動順

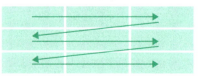

　ポイントは、**移動はエクセルに任せて、自分は入力内容に集中する**ということです。私たちは細かい数字を入力することも多いので、ぜひエクセルに任せられることは任せることで、ミスを防ぐようにしま

9. 手で入力するコツ

しょう。

(2) 少し教えて残りはエクセルに：オートフィル

　他にもエクセルの助けを借りる方法があります。順番に並んだデータを入力する場合に、入力しようとしているデータを一部だけ教えて、残りはエクセルにやってもらうことができます。「**オートフィル**」と呼ばれる機能です。

　12か月分の月の名前を入力したい場合、3月決算であれば、まず先頭の4月だけ入力します。そして、そのセルの右下にカーソルを合わせて、月数と同じ11セル分下方向にカーソルをそのまま動かします。そうすると、エクセルが自動で判断して移動したセルの数だけ月のデータを入力してくれます。

　これは月だけではなく、年や四半期、日にち、曜日などにも使うことができます。経理パーソンは特定の期間に対する決算が業務の中心にあるため、期間名を入力する機会は非常に多いと思います。また、たくさんのデータを入れる際に、ナンバリングを打つ場合にも、この機能は使えます。このような連続するデータは、自分ですべて手入力することなく、エクセルに任せてしまいましょう。

● オートフィルの例

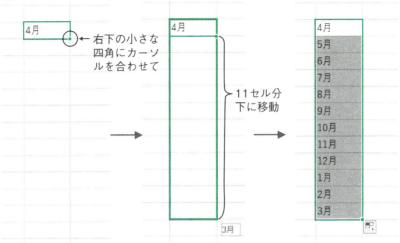

(3) 修正したいときはF2が便利

　一部だけ修正したい場合には、F2キーを使うといいでしょう。上の方にセルの入力内容が表示された欄がありますが、ワークシート上からここまで移動するのは面倒です。変更したいセルを指定した上で、F2キーを押すと、セルの中にカーソルが表示されます。つまり、セルの中で直接修正を加えることができるのです。

● 直接修正

リンクされた数字を更新する

(1)「リンクの編集」画面は司令塔

　経理部門で使われるファイルには、いくつものファイルからリンクが張り巡らされていることがよくあります。作業の段取りを考える上では、リンク元のファイルを知ることは欠かせません。しかし、セルを1つ1つ確認し、リンク元を知るのは面倒です。**どのようなファイルからリンクが貼られているのかをまとめて把握できる機能**があります。

　［データ］－［クエリと接続］－［リンクの編集］という画面を開いてみましょう。今使っているファイルに貼られたリンク元が一覧で表示されます。

● リンクの編集

リンク元	種類	更新	状態
FY19Q1売掛金...	ワーク...	A	リンク元は開かれ

［値の更新(U)］
［リンク元の変更(N)...］
［リンク元を開く(O)］
［リンクの解除(B)］
［状態の確認(C)］

リンク元： C:¥Users¥ ●●● ¥Desktop
項目：
更新：　◉ 自動(A)　○ 手動(M)

［起動時の確認(S)...］　　［閉じる(L)］

111

第3章 「作る」担当者のためのエクセル戦略② 無形テクニック編

(2) ファイルを開かないで更新する

リンク元のファイルの数字が更新された場合、リンク元のファイルを開かずに、こちらのファイルの数字を更新することもできます。つまり、「遠隔操作」です。更新したいリンク元ファイルを選択した上で、「**値の更新**」を押すと、一気に数字が更新されます。

(3) ファイルを開けずにリンク元を変える

もしリンク元のファイルを変更したい場合には、「**リンク元の変更**」という機能が便利です。現在リンク元にしているファイルのうち1つを選んだ上で、このボタンを押し、新たにリンク元にしたいファイルを選択します。すると、一気にリンク元が古いファイルから新しいファイルへ変更されます。

すでに紹介したデータベースのように、同じ形式でリンク元のファイルを作成していると、このような機能をより活用しやすくなります。

(4) 数字が確定したら固定する

さらに、リンクを切りたい場合にも、使えます。ファイルを選択してから、「リンクの解除」を押すと、これまでリンクされていた数字がすべて値貼り付けされます。「形式を選択して貼り付け」の「値貼り付け」は、該当セルを選択した上で1つ1つ作業する必要がありました。こちらの「**リンクの解除**」は、**リンクされている箇所すべてに対して一気に作業を行うことができる**点が大きなメリットです。ですので、こちらの機能も、決算確定後、報告用資料の数値を固定するのに使ってもいいでしょう。

112

11. データを調べる、理解する

(1) 検索

ある得意先の情報を探すなど何か個別のデータを探す場合には、ぜひ**検索機能**を使いましょう。目で探してはいけません。漏れが発生しやすく、同時に時間がかかるためです。

すでに説明した「置換」機能と操作がとてもよく似ています。「オプション」メニューを使って、今見ているシートだけではなく、ファイル全体に対して検索をかけることもできます。

● **検索**

ショートカットは、Ctrl+Fですので、検索を使うことが多い人は覚えておくといいでしょう。

(2) ピボットテーブル

売上明細などシステムから落としてきたデータは項目も行数も多いため、全体像が押さえづらいものです。ぜひ**ピボットテーブル**を使ってまずは全体像の整理をしましょう。

データ全体を指定して、［挿入］―［ピボットテーブル］を選ぶと、図のようなメニューが右端に表示されます。自分が使いたい項目を行または列に入れ、計算したいデータを値に入れます。すると、元のデータをもとに、望むかたちで集計されます。

この機能は、もちろんこのまま報告用資料に活用することもできます。ここでおすすめするのは、**データの全体像をつかむという準備作業への活用**です。私たちが扱うデータは大きなものも多いので、行や列にいろいろな項目を入れてピボットテーブルを作ることで、データの理解が深まります。

さらに、データの中に、どのような項目が含まれているのか、その内容と数を把握するのにも使えます。例えば、図の例であれば、支店として登場しているのは、どこの支店なのか、そしてその数を把握することが一目で確認できます。

● ピボットテーブル

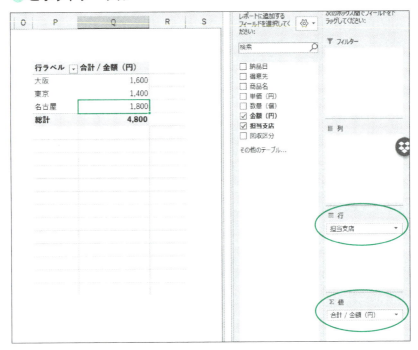

(3) 並び替え

ピボットテーブルと同じく、データの全体像を理解するのに便利な機能として、**並び替え**があります。例えば、上位のデータを眺めることで、どのような傾向があるのかを把握することができます。

● データの並び替え

第3章 「作る」担当者のためのエクセル戦略②　無形テクニック編

　並び替えたいデータを指定し、[データ]―[並び替え]を選びます。ここでは、売上金額が大きいデータには何か傾向があるのかどうかを知りたいと思ったので、「金額（円）」を優先されるキーに選びました。すると、金額が大きいものから並びました。

　先ほどのピボットテーブルは全体を集約して分析するのに適しています。こちらの**並び替えは、個別データのうち主なものをサンプルとして傾向を把握する**という観点での分析に向いています。つまり、「全体」と代表的な「個別」という違いがあるのです。

(4) フィルタ

　今度は、表のうち一部について把握したい場合には、「**フィルタ**」機能があります。例えば、大阪支店ではどのような商品が売れているのかを把握したいという場合には、大阪支店のデータだけ取り出したいものです。

　表の横軸の項目欄を指定し、[データ]―[フィルタ]を押すと、各項目の右下に矢印マークが書かれた四角が出てきます。ここでは、大阪支店に注目したいので、「担当支店」のこのマークを押し、「大阪」以外のチェックを外します。すると、大阪支店だけのデータが表示されます。

　ここで大事なのは、「**データを消さない**」ということです。フィルタ機能を使うことで、大阪支店以外のデータは一時的に非表示になっただけで、無くなったわけではありません。他の支店のデータが見たくなったときにもすぐに見られるよう、データ自体を消さないでおきましょう。つまり、**データの中身を変えずに見え方だけを変える機能を使って、目的を達成する**のがエクセルの基本作法です。

116

11. データを調べる、理解する

● フィルタ

第4章

「作る」担当者のための
のエクセル戦略③
確認テクニック編

1. エクセル版コントロールでミスを防ぐ
2. 間違えないための仕組み「予防的コントロール」
3. ミスを見つけるための取り組み「発見的コントロール」
4. 提出前の「ロジックチェック」と「ストーリーチェック」は欠かさずに！
5. チームで効率化と正確化に取り組むために

1. エクセル版コントロールでミスを防ぐ

　経理業務にとって、「正しさ」は「速さ」に加えて大切なことであり、すべての経理パーソンが常に意識しています。しかし、実際にはそれでもミスをしてしまうものです。そこで、ここからは「正しさ」を確保するためのテクニックをみていきましょう。

　まず、正しさを確保するための取り組みのことを、ここでは「コントロール」と呼びます。どこかで聞き覚えがありますね。そうです、内部統制（J-SOX）に出てくることばでもあります。エクセルも内部統制も、間違えないための仕組みという点で共通しており、偶然の一致ではありません。

　J-SOX同様、エクセルのコントロールにも予防的な役割を果たすものと発見的な役割を果たすものの2種類があります。「予防的コントロール」は、事前に仕組みとして組み込むことにより、あらかじめミスの発生を防ぐ取り組みをいいます。「発見的コントロール」は事後的にミスの有無を確認するための取り組みを指します。つまり、**事前と事後、2度のタイミングで挟み撃ちすることで、ミスを減らす**のです。

2. 間違えないための仕組み「予防的コントロール」

予防的コントロールは、主に、エクセルの表に見える形で取り込まれます。ここでは、5種類の予防的コントロールを紹介しましょう。

(1) チェックセル（TRUE/FALSE）

経理の仕事では、ある表をもとに別の形に集計し直す作業がしばしば発生します。例えば、図のように売上明細をカテゴリ別に集計する場合を考えてみましょう。このとき、両方の表の合計額は当然ながら一致する必要があります。この一致を目で容易に確認できるよう、**集計前の表の合計額と、集計後の表の合計額の関係性を式にして表示するセルをあらかじめ用意**しましょう。これを「チェックセル」と呼びます。

図の例であれば、①と②の合計値が一致していれば、チェックセルの計算結果に「TRUE」と表示されます。一致していない場合は、「FALSE」と表示されます。この場合には、どこが間違っているのかを特定し、対処します。

● **チェックセルの例**

全売上明細

No	商品名	カテゴリ	金額（円）
1	・・・	A	XX
2	・・・	B	XX
⋮	⋮	⋮	⋮
100		E	XX
合計			XXX	①

カテゴリ別売上集計

カテゴリ	売上金額（円）
A	XX
B	XX
⋮	⋮
E	XX
合計	XXX	②

TRUE

＝元の表の合計（①）
＝作った表の合計（②）

第4章　「作る」担当者のためのエクセル戦略③　確認テクニック編

　チェックセルは、このような集計方法の変更以外にも活用できます。例えば、金額単位が円単位で作られた損益計算書を、千円単位の表示に変更する場合を考えてみましょう。このとき、前者の表の当期純利益を1,000分の1した値は、後者の表の当期純利益と一致する必要があります。よって、ここではチェックセルとして、

　　前者の表の当期純利益 / 1,000 =後者の表の当期純利益

という計算式を入力しておきましょう。

　チェックセルを用意する場所はどこでも構いませんが、作成した表のすぐ下辺りがよいでしょう。目に入りやすい位置だからです。せっかくのチェックセルを見落としてしまっては、作成する意味がありません。見落としが心配な人は、「条件付き書式」機能を使って、計算結果が「FALSE」の場合に、赤太字で表示されるように設定しておくのもよいでしょう。

(2) 合計・利益・構成比

　ある表を元に新たに別の表を作成する場合に、覚えておきたい鉄則があります。それは、「合計」、「利益」、「構成比（%）」といったその表の上で計算できる項目は、元の表から持ってこないで、計算させるということです。

　例えば、先ほどの売上明細とカテゴリ別売上集計であれば、合計値は一致するはずです。どうせ同じだから、と合計値自体を元の明細からリンクさせたり、コピーして値貼り付けにしたりすることは絶対にやってはいけません（図「合計の例」参照）。なぜかといえば、もし新たに作ったカテゴリ別売上集計のデータがミスにより一部欠けていた場合、表を構成するデータの合計と、合計のセルが表示する合計値が一致しなくなってしまうからです。その上、先ほど紹介した「チェ

2. 間違えないための仕組み「予防的コントロール」

ックセル」がそもそも役に立たなくなってしまいます。元の表の合計値自体をリンクさせたり貼り付けたりしてしまえば、一致するのは当然です。

したがって、**表を作成する場合には、新しい表の上で計算できる箇所は必ず計算させ、元の表からはリンクや転記しないことを作法として覚えておいてください。**そのためには、この利益はどの費用を引いて計算されるのか、といった項目の関係性をきちんと理解しておかなくてはいけません。

● 合計の例

全売上明細

No	商品名	カテゴリ	金額（円）
1	・・・	A	XX
2	・・・	B	XX
:		:	:
100		E	XX
合計			XXX

カテゴリ別売上集計

カテゴリ	売上金額（円）
A	XX
B	XX
:	:
E	XX
合計	XXX

○　上のセルの合計（sum を使って）

×　元の表の合計からリンク
×　元の表の合計を値貼り付け

(3) 絶対参照

絶対参照とは、計算式をコピーするときに参照するセルを固定することをいいます。計算式に含まれるセルの表示に「＄」が付いているのを見たことがある人は多いと思います。これが絶対参照です。この機能を使うことで、計算式を手で微調整する手間が減ります。同時に、それ以上に大事なのは、「ミスを防ぐ」のにもつながるという点です。

例えば、絶対参照を活用すべき場面として、売上高構成比の計算があります。損益計算書において、売上高構成比を計算するためには、

各勘定科目の売上高構成比 ＝ 各勘定科目の金額 / 売上高

123

第4章　「作る」担当者のためのエクセル戦略③　確認テクニック編

という計算が必要になります。

　具体的には、下表「絶対参照の例」のように、計算式に含まれる売上高の金額のセルを絶対参照の形式で指定するとよいでしょう。こうすることで、他の勘定科目の売上高構成比の計算は、1つ作った計算式をコピーして貼り付ければ簡単に作成できます。計算式の間違いが減ると同時に、作業時間の短縮にもつながります。

● 絶対参照の例

損益計算書の一部（単位：円）

	A	B	C	
1	売上	100,000	100%	＝B1/$B$1
2	売上原価	30,000	30%	＝B2/$B$1
3	売上総利益	70,000	70%	＝B3/$B$1

　ここで挙げた売上高構成比は分かりやすい例ですが、それ以外に絶対参照を活用できる場面を自分の業務の中で見つけるようにしましょう。それには、実際に手を動かして式を作ってみるのが効果的です。

(4) 計算式の作り方

　ここでは計算式を間違いなく作る手順をみてみましょう。例えば、絶対参照の例であれば、最初から絶対参照を付けた式を作成する必要はありません。

　まずは、式を1つ作ってみます。続いて、他のセルに移ったときも同じセルを参照すると気が付いた場合に、後から該当する参照セルに絶対参照を付けるやり方で十分です。一発で完璧なエクセルの計算式を作るのはベテランの人でも簡単ではありません。これは絶対参照の話に限らず、計算式全般にいえることです。ですから、**まずは分かる部分から計算式を作って、それを少しずつ改良する方法**をおすすめします。

2. 間違えないための仕組み「予防的コントロール」

また、もう1つ絶対参照を効率的に使うためのポイントがあります。それは、作成してみた絶対参照の式を、まずは1つだけ貼り付けることです。どんなに自分が作成した計算式に自信があったとしても、対象となるセルすべてに一気に貼り付けてはいけません。1つだけ試してみることで、作った絶対参照が意図通りに正しく動いているかを容易に確認できます。1つであれば、セルをアクティブにして計算式の内容を確認することも、手計算や暗算で計算した結果と照らし合わせてみることも、簡単です。問題がないと確認できたら、初めてすべての対象セルに計算式を展開しましょう。この方法も絶対参照に限らず、複雑な式を作るときには役立ちます。**正しい計算式を作るコツは、まずは1つのセルだけに貼り付ける、「急がば回れ」なやり方にある**のです。

(5) 置換

エクセルでは、「置換」機能を活用することで、特定の文字や数字を一気に置き換えられます。具体的な方法やポイントはすでに第3章の中で無形テクニックの1つとしてお話ししました。そこでお話した時間の節約効果に加え、正確性の面でもとても強力な方法といえます。置換機能を使えば、人間の手作業の場合と違って、抜け漏れなく作業ができるからです。

125

3. ミスを見つけるための取り組み「発見的コントロール」

「発見的コントロール」とは、**出来上がった表に誤りがないかを事後的に確認する取り組み**を指します。予防的コントロールは表にあらかじめ組み込んでおくべき仕組みでした。これに対して、発見的コントロールは「確かめ」の方法ともいえます。

まず大事なことは、発見的コントロールを行うための時間を確保することです。理想をいえば、表の作成にかかったのと同じ程度の時間を確保できればよいでしょう。しかし現実には、次から次へと仕事が舞い込んできます。そのような環境では、表の作成が終わっただけで、出来上がったことにひと安心してしまいがちです。そして、確認作業をする気力も時間もなくなってしまうのです。しかし、それではいけません。**私たち経理パーソンのゴールは、「表を作る」ことではなく、「経営情報を届ける」**ことなのです。経営に必要な情報が間違っていては話にならないどころか、最悪の場合、会社の経営に悪影響を与えてしまいます。確認する方法をあらかじめ身に付けておけば、限られた時間の中でも、その視点を駆使して、最低限必要な確認を効率的に行うことができます。ここでは、その方法を3つご紹介しましょう。

(1) ベクトルテスト

自分の知っている情報に照らして、「向き」やその「大きさ」に違和感がないかを確認するのが、「ベクトルテスト」です。**ベクトルテストでは、計算された結果に注目してください**。「向き」とは、数字が良くなっているのか悪くなっているのか、ということです。

例えば、前期に比べて売上が減少傾向であるとあらかじめ知っていた場合を想定します。このとき、利益が前期比で増えていたら「あ

3. ミスを見つけるための取り組み「発見的コントロール」

れ？」と思うでしょう。売上が減っていれば利益も減るのが自然なのに、逆に増えているからです。これが「向き」です。

さらに、「大きさ」も大事です。皆さんは、自社の主力事業の売上や主な費用科目の年間額が大体どのくらいか言えますか。ぜひこれは覚えておきましょう。全体に占める比率（％）でも構いません。このような**「通常値」を知っておくことで、「異常値」が現れたときに気が付きやすくなります**。

他にも、売上の回転期間が取引先からの回収条件と整合しているのか、月次推移の動きが例年の傾向と同じか、などもベクトルテストの例として挙げられます。

(2) モデルテスト

何か表を新たに作成するときにぜひ行いたいのが、「モデルテスト」です。まずは、表上の計算式部分を入力することから始めます。次に、値を入れる欄には、ダミー数値を入力してみましょう。つまり、**100などの切りの良い数字を、実際の数字を入力する前に入れてみる**のです。こうすると、利益・集計・構成比などを計算するセルに間違いがないかを確認できます。表の骨格ともいえる「モデル」が正しく機能しているかをチェックするのが狙いです。ダミーの数字を入れるのは、あるべき結果が暗算でも容易に計算できるので、エクセルが計算した結果と照合しやすいからです。

予防的コントロールの話の中で、利益・集計・構成比は元の表からリンクさせるのではなく、新しい表の中で計算するという注意点について述べました。このモデルテストは、この**計算に問題が生じていないかを直接確認する**ものなのです。

● モデルテストの例

損益計算書（単位：円）

	A	B	C
1	売上		=B1/B$1
2	売上原価		=B2/B$1
3	売上総利益	=B1−B2	=C1−C2
4	販売管理費	=SUM（B5：B6）	=SUM（C5：C6）
5	人件費		=B5/B$1
6	賃借料		=B6/B$1
7	営業利益	=B3−B4	=C3−C4

①まず、計算欄（太枠内）をすべて入力し、

損益計算書（単位：円）

	A	B	C
1	売上	100	100%
2	売上原価	100	100%
3	売上総利益	0	0%
4	販売管理費	200	200%
5	人件費	100	100%
6	賃借料	100	100%
7	営業利益	−200	−200%

②値欄（太枠内）にダミーの数字を入力して確認

(3) トレーステスト

　最後は「トレーステスト」です。これは、皆さんに最も馴染みがあるものでしょう。**このセルは次にこちらにつながっている…と順を追ってトレース（なぞるという意味）する**のがトレーステストです。引継ぎや承認で初めて見たファイルを理解するときに、皆さんが無意識に行っているのが、このテストなのです。

　トレーステストを行う際のポイントは、「**川下から川上に遡る**」ことです。表の中のすべてのセルについて川上から川下の順に1つ1つトレーステストをしていたら、とても時間がかかります。そこで、必要な箇所を中心に確認するために、最終的な計算結果から遡る形でなぞるのが効率的です。

　このような方法を一般に「トップダウン方式」と呼びます。大きなところから細かいところへ順に見るという意味です。逆に、細かいところから大きなところへ順に見る方法を「ボトムアップ方式」と呼びます。私たち経理パーソンの日常業務では「ボトムアップ」で数字を作ることがほとんどです。1枚1枚の伝票が最終的に1枚の全社決算書を構成しています。経理のベースにあるこの流れはまさに「ボトムアップ」といえます。そのため、確認作業も馴染みのある「ボトムアップ」方式で行いがちです。しかし、効率的に、そして異なる視点から確認の精度を上げるためにも、「トップダウン」というやり方もあわせて習得することをおすすめします。

3. ミスを見つけるための取り組み「発見的コントロール」

● トップダウンとボトムアップ

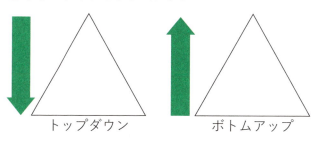

なお、トレーステストに便利な機能として「参照元のトレース」があります。トレースしたいセルを選択し、[数式] ー [ワークシート分析] ー [参照元のトレース] を押すと、矢印を使って引用元のセルを教えてくれます。ショートカットは（Ctrl+[）です。

● 参照元のトレース

4. 提出前の「ロジックチェック」と「ストーリーチェック」は欠かさずに！

(1) 2つのチェック視点

「正しさ」を確保するための取り組みとして、予防的コントロールと発見的コントロールの2種類を紹介してきました。そもそも「正しさ」とは、一体何でしょうか。これまで前提にしてきた「正しさ」とは、平たい言葉でいえば、**「データや資料を利用して問題がない」状態**と言い換えることができます。そこで、資料提出前にどのようなことをチェックすべきなのか、チェックの視点を考えてみましょう。

(2) ロジックチェック

まず、1つ目は、**金額などの記載内容が事実に照らして正確かどうか**という点が挙げられます。これを「ロジックチェック」の視点と呼びます。つまり、絶対的な答えがあるにもかかわらず、間違えてしまうことを避けるための見方です。公認会計士による監査が目的とするのも、これです。具体的には、転記の正確性、計算の正確性などから構成されます。J-SOXの経験がある人は、監査要点（アサーション）をイメージすると分かりやすいでしょう。ロジックチェックは経理パーソンにとって比較的馴染みやすいと思います。

紹介したコントロールとの対応関係でいうと、5つすべての予防的コントロールと、発見的コントロールのうち「モデルテスト」と「トレーステスト」は、ロジックチェックの視点によるものです。

(3) ストーリーチェック

2つ目は、「ストーリーチェック」です。**作成したデータについて**

4. 提出前の「ロジックチェック」と「ストーリーチェック」は欠かさずに！

「この数字が意味しているのは何か」を問う視点のことです。このデータを利用する人が、有益な情報が得られることを確かめるための見方といえます。

　経理実務の中の代表例は、前期比較や予実比較の差異コメントです。当期、前期、予算の金額や、計算された差異の金額が正しいことを前提条件とした上で、会社に何が起きているのかを説明します。これは、「ストーリーチェック」そのものなのです。

　ストーリーチェックでは、データを渡した相手がどのような質問をしてきそうかも押さえておく必要があります。相手は、データを見たときに、自分の担当業務や過去の経験・知識をもとに、疑問を持ちます。それらをあらかじめ予想して、主要なものについては資料にその答えを織り込むのもよいでしょう。

　紹介したコントロールの中では、発見的コントロールの1つである「ベクトルテスト」がストーリーチェックに該当します。このことからも分かるように、ストーリーチェックは、事前に行うのが難しいため、事後つまりデータ作成後に行います。

(4) チェックの順番

　2つのチェックを行う場合、まずロジックチェック、次にストーリーチェックの順で行うように徹底しましょう。なぜなら、間違っている数字に対して意味合いを確認しても、時間の無駄になってしまうからです。**ロジックチェックで理論的な正しさを確認した上で、ストーリーチェックで感覚的な正しさを確認することが大切**です。

チェック視点の順番

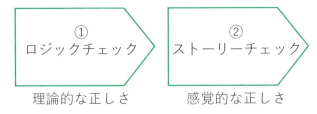

　これまで述べてきた通り、私たちの仕事はデータを作成することではなく、役に立つ経営情報を届けることです。そのためには、「ロジックチェック」だけではなく、「ストーリーチェック」が必須といえます。経理の仕事を奪うと騒がれているAIは、ロジックチェックが得意ですが、ストーリーチェックは難しいようです。AIは相手に合わせたカスタマイズが得意ではないため、コミュニケーション領域への進出は難しいと言われています。経理の仕事の中にも、この「ストーリーチェック」のようにAIで代替できない仕事は多く存在しますので、ぜひそういったスキルを積極的に身に付けるとよいでしょう。

5. チームで効率化と正確化に取り組むために

　ここまで、自分自身で実施できる取り組みやチェック視点を紹介してきました。このような視点を持って各人が経理業務に取り組んでいければ、確実に業務がスムーズになります。では、これらのスキルをチームメンバーに身に付けてもらうために、上司の立場からはどのような工夫ができるのでしょうか。

　最も大事なのは、「チェックしなさい」など「漠然とした指示をしない」ことです。その代わりに、**具体的なチェック方法を伝えるようにしましょう**。経験豊富な上席者からすれば、「チェック方法を考えるのも仕事のうちであり、経験を積むべき事がらだ」と思われるのももっともでしょう。もちろん、ある程度の経験を積んだメンバーに対して、「場面に応じた正しい確認方法を選択できるよう訓練する」趣旨で、あえてこのような指示をするのはまったく問題ありません。しかしながら、私の経験では、相手のレベルを考慮せずに「チェックしなさい」と指示をしているケースが圧倒的に多いように思えます。これは、経理業務は常に忙しく、丁寧な指導が時間的に難しいためでしょう。加えて、誤りを防止するためのノウハウの言語化が、十分にできていない場合が多いことが大きな理由だと感じます。これは経理の経験が豊富な人であっても同様で、経理の仕事が「職人技」になってしまっているのです。まずはできるところから自分の技を言語化して、チーム全体で使えるようにするのが大事です。

　チームで取り組むという観点から見てもう1つ重要なのは、「**跡（あと）を残す**」ことです。これによって、実効性が保て、全体の時間効率が上がります。例えば、決算資料として作成する勘定科目の内訳明細は、総勘定元帳の金額と一致しなくてはなりません。これを確実に行うためには、総勘定元帳の金額を入力する欄を勘定科目の内訳明細の中に作成し、内訳明細の合計金額との一致を確認するチェック

第4章 「作る」担当者のためのエクセル戦略③ 確認テクニック編

セルを用意するのがよいでしょう。つまり、予防的コントロールを用意して、跡を残すのです。

総勘定元帳と一致させなくてはいけないという点は、新人の経理パーソンでも知っている基礎知識です。ですが、実際にはこれができていないケースをたくさん見てきました。よく言われるように、**「知っている」**と**「できる」**、さらには**「実際にやる」は違う**のです。「理論」と「実務」の間には、いくつものハードルが現実として存在しています。これを確実に乗り越えていくためには、**うやむやにならないように「見える化」するのが第一歩**といえます。例に挙げたケースは、見える化することで、明細を作成する人がまず一致させようとしますし、上司が一致しているかを確認するのも容易になります。

証跡を残すというと、形式的で意味がないというイメージを持たれがちですが、紹介した例のように、全体の効率化につながる良い証跡の残し方もあります。効率化と正確化の両方につながる証跡の残し方を見つけて、活用してみてください。

134

第5章

「使う」部門内で押さえておきたいエクセル戦略

1. 安心してファイルを「使う」ための3条件
2. 理想のフォルダ体系は「モレなく、カブリなく」
3. フォルダ体系には勘定科目を活用する
4. 運用しやすいフォルダ体系のための5つのヒント
5. 切り替えのタイミングは焦らずに
6. 「最新版」「最終版」のバージョン管理は徹底しよう
7. 「時点」「内容」「役割」で中が見えるファイル名を付けよう
8. 使う用語は統一する
9. フォルダ内のファイルの数は7つまで

1. 安心してファイルを「使う」ための3条件

　同僚が作成したファイルを自分が使う場面を想像してみてください。ファイルがどのような状態なら、安心して仕事が進められるでしょうか。**正確性**、**最新性**そして**発見可能性**の３つが必要となります。

(1) 正確性

　１つ目の条件の正確性とは、ファイルの内容が正しいことを指します。正しさは、基本的に「作る」場面で押さえられるべきという話はすでにした通りです。そして、前章で説明した確認テクニックを使うことで、自分自身でも正しさを確認することはできることが分かったと思います。「使う」場面では念のための確認程度に留められる状態が理想です。

(2) 最新性

　２つ目の条件として、「最新性」も必要です。私たちはファイルの数字を何度も更新することがあります。とくに、決算期間中は数字が動くたびに関連するすべてのファイルを更新するので、複数のバージョンのファイルが出来上がります。そこで気になるのが、**「使うファイルが最新かどうか」**ということです。

　ほとんどの場合、私たちが使いたいのは、**「最新版」**か**「最終版」**のいずれかのファイルです。「最新版」とは作業が進行している途中で最も新しいファイル、「最終版」とは作業がすでに終わった段階で最後に作られたファイルを指します。例えば、決算作業中なら最新版を必要としますし、決算作業終了後であれば最終版を必要とするでしょう。裏を返せば、それ以外のバージョンは念のための参考情報にす

1. 安心してファイルを「使う」ための3条件

ぎないのです。この性質の違いを踏まえて、「どのようにファイルを管理するのか」というバージョン管理の具体的な話は、後で詳しく述べます。

● 最新版と最終版の違い

> 最新版：作業が進行している途中で、最も新しいもの
> 　　　　→決算作業中に必要とされる
> 最終版：作業がもう終わった段階で、最後に作られたもの
> 　　　　→決算後に必要とされる

(3) 発見可能性

　そして、3つ目の条件は、「発見可能性」です。自分でファイルを容易に見つけられないと、作成者にありかを聞かなくてはなりません。つまり、使うのにストレスを感じたり、時間を要してしまいます。また、特定の人間しかファイルの保管場所が分からない状態は、経理実務でよく問題になる「属人化」した状態といえます。

　内部統制と同じで、フォルダ体系を決める「整備」段階と、実際にそれを使う「運用」段階の2ステップがあります。多くの会社は整備段階でつまずいています。そもそもファイルの保管場所に関する共通ルールを決めていない状態なのです。ルールが決まっていなければ、運用がうまくいくはずがありません。

　経理パーソンがファイルを探すときの一般的な方法は、「このあたりに入っているのではないか」と予想をして、その心あたりのあるフォルダに入っているファイルのファイル名を見ます。これかと思うファイルが見つかったら、ファイルを開けて中身を確かめます。違ったら他のファイルで同じことを繰り返します。しかし、実際にはこれでは見つからず、あきらめて作成者に保管場所を聞くことも多いでしょう。もしフォルダ体系を誰もが分かる形に決めて、その上で運用でき

137

第5章 「使う」部門内で押さえておきたいエクセル戦略

れば、**発見可能性**が高まります。さらに、**ファイル名を適切に付ける工夫**をすると発見可能性が上がります。これも後ほど詳しく説明します。

● ファイルが使われるための３条件と対処の方向性

条件	対応すべき段階	具体的方法
正確性	作る	―
最新性	使う	フォルダ体系・バージョン管理
発見可能性	使う	フォルダ体系・ファイル名

2. 理想のフォルダ体系は「モレなく、カブリなく」

(1) MECE（ミーシー）

フォルダ体系を考えるとき、忘れてはならない大原則があります。それは、**MECE（ミーシー）** です。Mutually Exclusive and Collectively Exhaustiveの頭文字4つを取った、「お互いに重複がなく、全体として漏れがない」を意味する言葉です。もっと分かりやすくいうと、**「モレなく、カブリない」** 状態です。

ロジカルシンキングを学んだことのある人はこの言葉に馴染みがあるかもしれません。MECEは、ロジカルシンキングの真髄とも呼ばれるほど、ビジネスを考える基礎となる重要な考え方だといわれています。

このMECEを、エクセルのフォルダ体系に当てはめて考えてみましょう。「作ったファイルをどこに入れたらよいのか分からない」。その原因は、そもそもそのファイルを入れるフォルダが作られていないからかもしれません。これが「モレ」がある状態です。逆に、「入れるフォルダの候補として2つ思いつくものの、どちらに入れるべきか分からない」場合もあります。これは、「カブリ」がある状態です。

このようにモレやカブリがあると、まずは、ファイルの作成者自身がどのフォルダに入れるべきか迷う時間が生じます。使う人、つまり同僚や上司がファイルを探す時間を要するだけではないのです。誰かに引継ぎをするときの説明も複雑になります。そして、次の年度決算で、自分が前回作成したファイルを探すのにすら時間がかかることがあります。

モレとカブリをなくせば、保管する場所が1つに特定できます。その結果、入れる場所を迷うことも、いくつもの場所を探すこともなくなるのです。これがフォルダ体系におけるMECEの効果です。業務の

第5章 「使う」部門内で押さえておきたいエクセル戦略

標準化が大事とよくいわれますが、**フォルダ体系については、この「モレなく、カブリない」状態を作ることこそが標準化といえます。**

(2) 実務原則その1：複製のしやすさ

　より実務に近い角度からも、フォルダ体系を考えてみます。私たち経理パーソンの業務の中心は、決算という定期的に繰り返されるイベントにあります。決算のたびに前回のファイルをコピーして更新する作業を行います。このとき、**1つ1つのファイルをコピーして作成するよりも、複数のファイルが入ったフォルダ単位でまとめてコピーする方が時間が短縮できます。**したがって、業務の反復を踏まえた「複製のしやすさ」も、実務の面からはとても大事です。

(3) 実務原則その2：相互参照のしやすさ

　作業中に複数のファイルを参照する場面がよくあります。このとき、同時に参照したいファイルが、今開けているフォルダから遠くにあると、そのファイルにたどりつくのに時間がかかります。つまり、**相互に参照する機会が多いファイルは、近くに置かれている方が望ましいのです。**

● フォルダ体系の原則

大原則：MECE（ミーシー）
M utually E xclusive C ollectively E xhaustive
＝モレなく、カブリなく

実務原則：
・複製のしやすさ
・相互参照のしやすさ

フォルダ体系には勘定科目を活用する

それでは、MECE大原則と2つの実務原則に基づき、どのようなフォルダ体系がよいのか、具体的に紹介したいと思います。

(1) 勘定科目は経理の「共通言語」

フォルダ体系の骨格としては、**勘定科目**を活用するのがよいでしょう。その理由は、私たち経理パーソンの業務は勘定科目に紐づけられるものが多いためです。そして勘定科目体系自体がすでにモレなくカブリなく作成されているからです。業務に密接している上、すでにMECEに則って作られた体系を活用しない手はありません。

さらに、勘定科目体系は自社に限らず、すべての経理パーソンの共通言語であることも大きなポイントです。勘定科目に基づいたファイル体系であれば、中途入社者はもちろん、派遣社員や外部委託先など短期間だけ自社の経理に関わる人であっても、ファイルを容易に探せます。つまり、**経理であれば誰もが分かる共通の考え方を業務のベースにすることが、業務全体の円滑化につながる**のです。

このフォルダ体系は、公認会計士による監査のデータ管理方法を参考にしています。「調書体系」と呼ばれる考え方で、公認会計士はこの考え方に基づいて膨大なデータを管理します。そして、調書体系に沿って分担して担当者を決めます。経理パーソンの皆さんが1年間かけて経理処理したデータを、数日から数週間という短期間で監査するのですから、ファイルを探したりといった余分な時間はありません。また、担当者同士の入れ替えが比較的多いものの、口頭で引継ぎをするケースは少なく、書類を見て多くを理解しなくてはいけません。こういった状況から生まれたのが、この勘定科目をベースにしたファイル体系です。勘定科目という共通言語が最大限に活用された構成で

す。

次の図を参考に、実際に作る上でのポイントを見てみましょう。

● フォルダ体系の具体例

(2) 作成のポイント

① 第1階層

まず、第1階層には、**全体像が容易に分かる区分**を使います。例えば、資産、負債などです。また、経理業務の中では、試算表など特定の勘定科目に紐づかないデータも出てきます。これらを収容できるように、「全体」などの名前を付けたフォルダも併せて用意しましょう。なお、フォルダの**並び順は、全体から個別という流れ**で作成します。

3. フォルダ体系には勘定科目を活用する

　また、BS関係の区分も、一般に用いられる順番である、資産、負債、純資産という流れを採用しています。もし、純資産、資産、負債という順番にしてしまうと、使う人が違和感を持ちます。第2章で説明したシートの並び順と同じです。原則を決めて適用すること、そしてその際には経理パーソンの一般的な考え方や作法に基づくことが、探す手間を減らす結果につながります。

　実際には、第1階層が年度ごとに分かれている会社もよく見かけます。具体的には、第1階層が、2018年度、2019年度とまず年度で区切られ、その下に内容別のフォルダが並ぶ形式です。実は、このフォルダ体系には問題点があります。時系列で比較しにくいのです。複数年分のデータを比べたい場合に、各年度のファイルが遠くに収容されているので、参照するのに時間がかかってしまいます。また、年度ごとにファイル名称が微妙に異なっているケースもあり、この場合はさらに探しにくくなります。これは、前述の実務原則その2「相互参照のしやすさ」に難があるといえます。

　J-SOX導入以降、各年度の数字を比較する分析を、決算財務報告プロセスのコントロールとして採用している上場企業も多いようです。複数期間の数字を比較する分析は、J-SOXをはじめとする財務会計のみならず、経営情報を提供する管理会計の視点でもとても有益です。経理にとって何が大事な作業なのかを見極め、それに合ったフォルダ体系を設定することが重要です。

② 　第2階層

　第2階層として、PLまたはBSの大区分の中には、**勘定科目ごとのフォルダ**を作りましょう。経理部門内では、勘定科目ごとに担当者を置くのが一般的です。例えば、固定資産担当、売掛金担当、棚卸資産担当といったものです。この図のフォルダ体系であれば、そのような分担関係と第2階層が整合するので、各担当者は第3階層以下を自分で設計、運用できます。

③ 第3階層以下

　第3階層以下は、**担当者が行っている業務の種類**ごとに作成すると
よいでしょう。例えば、売掛金は、得意先別内訳を作成したり、回転
期間分析や年齢別分析を行うことが一般的です。それを反映したの
が、図の第2階層「20_売掛金」の下の第3階層と第4階層の部分で
す。この第3、第4階層のフォルダを利用するのは実際に作成した担
当者本人ですから、決めたルール通りの運用がしやすいのも利点で
す。

運用しやすいフォルダ体系のための 5つのヒント

　前項で示した一般的なフォルダ体系に加えて、各社の実態に合わせてより運用しやすくするためには、他にもいくつかヒントがあります。

(1) 勘定科目にこだわりすぎない

　まず、勘定科目にこだわりすぎないことです。図の例では、売掛金の第3階層に「貸倒引当金」のフォルダが入っています。これは第2階層の「引当金」に入るべきではないか、と思った人もいるかもしれません。理論的にとらえると、確かにそうともいえます。

　しかし、ここではあくまでも**「実務の実態」**を優先してください。多くの会社では、売掛金に対する貸倒引当金は売掛金の担当者が担当しています。売掛金の滞留状況についての情報が、貸倒引当金の検討に必要だからです。このような業務分担の場合には、売掛金との関係性を優先します。つまり、引当金ではなく売掛金のフォルダ内に入れましょう。なお、この場合、貸倒引当金のファイル一式が売掛金フォルダ内に入っていることが分かるように、第3階層のフォルダ名を「貸倒引当金」などと明確に表記するのがよいでしょう。

(2) 関連する勘定科目は同じフォルダにまとめる

　貸倒引当金の例から、担当者や役割分担を十分考慮して、フォルダとしてまとめる方がよいことが分かります。似た例として、支払利息は借入金のフォルダの中の方がよいかもしれません。支払利息は、借入金残高をもとに計算されるからです。このとき、借入金と支払利息、どちらを上の階層にするかで悩まなくて済むように、原則を決め

第5章 「使う」部門内で押さえておきたいエクセル戦略

ておきましょう。例えば、BS側の勘定科目を上の階層にすると決めるのも1つのやり方です。

　さらに、業種によっては、図の一部のフォルダは不要なケースもあると思います。例えば、小売業では、売上原価は棚卸資産の動きをもとに差引計算しますので、棚卸資産フォルダに集約する方が効率的かもしれません。現に、多くの場合、棚卸資産の担当者は売上原価も担当しています。したがって、このようなケースでは売上原価は棚卸資産のフォルダに収容しても構いません。

(3) すぐに使わないフォルダも用意する

　当面の業務では使わないと思うフォルダも用意しておきましょう。例えば、「特別損失は発生頻度が低いから作らなくてもよい」と思うかもしれません。しかし、実務の実態を踏まえると逆なのです。発生頻度が低いからこそ、あらかじめフォルダを用意しておくべきなのです。

　例えば、本社移転損失のようなごく一時的に発生した損失は、発生した当期は時間をかけて検討しますが、翌期以降になるとファイルが行方不明になるケースがしばしばあります。なぜそうなるのかといえば、ファイルのありかが決まっていないからです。住所が決まっていない「野良ファイル」を後から見つけるのは、とても困難です。そもそも**「野良ファイル」が発生しないよう、頻度や現状の使用状況にかかわらず、あらかじめ発生し得るフォルダはすべて用意しておきましょう**。そうすることでMECEなフォルダ体系にもなります。なお、頻度に関係なくすべてをあらかじめ用意するというのは、第2章で出てきたMOMへはあらかじめすべてのコードを登録すべきというのと同じ考え方です。

146

(4) フォルダ名にナンバリングを追加する

さらに、フォルダ名にナンバリングを追加すると、より探しやすくなります。ナンバリングとは、フォルダ体系の図で、フォルダ名の先頭についた数字を指します。このナンバリングを付けると、数字の順番通りにファイルが並ぶ効果があります。ナンバリングをしないと、フォルダの並び方は以下の図のようになってしまいます。エクセルの既定のルールで並び順が決まると、経理の考え方からすると違和感があります。例えば、「資産」の次に「純資産」が並んでしまいます。せっかくフォルダ体系を整理するのであれば、**分け方だけでなく並び順も大事にして、ナンバリングをつけましょう**。

● ナンバリングをしない場合のフォルダ体系

(5) フォルダ名は分かりやすく

また、第3階層以下のフォルダの並び順は、基本的に各担当者が使いやすいように決めて構いません。例えば、P.142の図の「20_売掛金」の第3階層は、内訳明細、分析と作成する順番で並べています。よく使う順に構成してもいいでしょう。とくに一般的な考え方のない第3階層以下では**順番以上にフォルダ名の付け方が大事**です。誰が見ても分かりやすい名称を付けましょう。

5. 切り替えのタイミングは焦らずに

　フォルダ体系の理想的なあり方が分かると、今すぐにでも体系を見直したい気持ちになります。ですが、急がずにぐっとこらえてください。**業務効率化という目的を達成するには、切り替えのタイミングを見極め、部門内で自社の実態に合った具体的なフォルダ体系を検討することがとても重要**です。

　切り替えのタイミングは、**年度替わりを強くおすすめします**。3月決算の会社であれば、次の4〜5月に行う年度決算作業までは、従来のフォルダ体系で進めましょう。そして、5月に行う4月度の月次決算から新体系に切り替えるのです。年度の途中で切り替えてしまうと、相互参照がしにくくなってしまいます。

　また、切り替えまであえて時間をかけることで、どのようなフォルダ体系がよいか検討する時間を十分確保できます。その間に決算を経ることで、自社のフォルダ体系を考える上で大事なポイントに気付きやすくなります。

　第3章でも述べた通り、いきなり手を動かす前にまず設計をすることが、エクセルを用いた業務効率化の成功につながります。とくに、フォルダ体系は部門メンバー全員が関わります。どのような問題を感じているのか皆で共有、検討し、その上で自社のフォルダ体系を設計するというように、ここは丁寧に進めましょう。

　なお、年度替わりで切り替えた場合に、前期までのフォルダをどうするかが気になります。ここは勇気を出して、そのままにしておいてください。新しいフォルダ体系に移してしまうと、ファイル間に張ってあったリンクが切れ、不具合が生じる恐れがあります。また、すべてのファイルを引っ越す作業には時間もかかります。折衷案として、新しいフォルダ体系の中に過去のファイルへのショートカットを作っておけば、見た目は新しいフォルダ体系をとりながら容易にファイル

5. 切り替えのタイミングは焦らずに

を探すこともできます。

　せっかくなら心機一転きれいにしたい気持ちは分かりますが、優先すべきは業務効率化であって、自己満足ではありません。ぜひ移行の取り組み自体も効率的に進めましょう。

6. 「最新版」「最終版」のバージョン管理は徹底しよう

　私たち経理パーソンが必要とするのは、「最新版」または「最終版」が大半だという話はすでにしました。ここでは、最新版または最終版を容易に見つけ出せるようなバージョン管理の話をします。

● 最新版と最終版の定義（再掲）

> 最新版：作業が進行している途中で、最も新しいファイル→決算作業中に必要とされる
> 最終版：作業がもう終わった段階で、最後に作られたファイル→決算後に必要とされる

　ファイルを管理する上では、「主役」ファイルと「脇役」ファイルを徹底的に区別しましょう。最新版・最終版が主役で、それ以外は脇役です。
　多くの会社では、図のようにファイル名の最後に日付を入れ、それらがすべてフォルダに並べて保管されています。

● よくあるフォルダの例（売掛金の得意先別前期比較の場合）

　📁 20_売掛金　──　📁 10_得意先別　──　📄 売掛金_得意先別前期比較_2016年
　　　　　　　　　　　　　　　　　　　　　📄 売掛金_得意先別前期比較_2017年
　　　　　　　　　　　　　　　　　　　　　📄 売掛金_得意先別前期比較_2018年_190104
　　　　　　　　　　　　　　　　　　　　　📄 売掛金_得意先別前期比較_2018年_190105_1
　　　　　　　　　　　　　　　　　　　　　📄 売掛金_得意先別前期比較_2018年_190105_2
　　　　　　　　　　　　　　　　　　　　　📄 売掛金_得意先別前期比較_2018年_190106
　　　　　　　　　　　　　　　　　　　　　📄 売掛金_得意先別前期比較_2018年_最終

　しかし、このやり方だと、図のようにファイルの数が多くなります。その結果、最新版または最終版を発見するのに手間取ってしまいます。とくに、重要なファイルほど履歴をこまめに残すので、ファイ

6. 「最新版」「最終版」のバージョン管理は徹底しよう

ルの数が増えてしまい、重要なのに間違えやすくなるというジレンマが起こります。

また、ファイル名に「最終」と書かれているケースもあります。ところが、「最終」のつもりだったのに後で数字が動き、実際には最終版でなくなってしまう場合があります。そうなると、他の人がそれを疑うことなく「最終」として使ってしまい、事故につながりかねません。

さらに、日付入りのファイル名の場合、このファイルから別のファイルに張っていたリンクが切れてしまう恐れがあります。このことに気が付かずに作業を行うと、誤った数字を使う結果になってしまいます。数字の正確性が損なわれるのは、私たち経理パーソンにとって最も避けたい事態です。

つまり、**ファイル名に日付を付けるというやり方は問題点が多いの**です。この方法に代わって、3つのサブフォルダを使ってみましょう。

(1)「履歴」サブフォルダ

まず、**「履歴ファイル」を保管する専用のサブフォルダを作成**します。履歴ファイルとは、念のため保管をしておく最新版や最終版以外のファイルを指します。サブフォルダの名前は、「履歴」でも「old」でも「アーカイブス」でも構いません。過去分の保管場所だと明確に分かる名称にしましょう。最新版や最終版以外のすべての履歴ファイルはここに入れます。

その際に、その時点の日付をファイル名に付けるといいでしょう。いつの履歴かが分かりやすくなります。その代わり、最新版または最終版には日付を付けないようにします。そして、**すぐに使いたい最新版または最終版だけをフォルダ直下に収容し、履歴ファイルと一目で区別できる**状態にします。

下の図は、このやり方で先ほどのフォルダを整理したものです。

第5章　「使う」部門内で押さえておきたいエクセル戦略

● P.150のケースに対して、「履歴」サブフォルダを用意した場合

```
📁 20_売掛金
  └ 📁 10_得意先別
      └ 📁 履歴 ───────────────── 📗 売掛金_得意先別前期比較_2018年_190104
        📗 売掛金_得意先別前期比較_2016年   📗 売掛金_得意先別前期比較_2018年_190105_1
        📗 売掛金_得意先別前期比較_2017年   📗 売掛金_得意先別前期比較_2018年_190105_2
        📗 売掛金_得意先別前期比較_2018年   📗 売掛金_得意先別前期比較_2018年_190106
```

　ビフォア・アフターで有名なテレビ番組のように、見た目がかなり
すっきりしました。このすっきりした感じは、「使う」編では重要な
ポイントです。他人が作ったファイルやフォルダの体系は理解するの
が難しいものです。そのため、心理的ハードルを下げてあげられるよ
うな見た目を心がけましょう。

　この方法を使うと、先ほど挙げた問題点も解消されます。最新版ま
たは最終版を見つけたい場合には、フォルダの直下を見ればよいので
時間がかかりません。また、直下のファイル名には日付が含まれてい
ないので、リンクが切れる心配もありません。

　加えて、「履歴」サブフォルダは、フォルダの容量を減らすのにも
役立ちます。自社の共有フォルダのデータ容量に制限がある場合に、
「履歴」サブフォルダごと削除してデータを削減できるからです。例
えば、2年前より古い「履歴」サブフォルダ内のファイルは、再度使
う可能性が極めて低いので、削除対象にできるでしょう。ファイルを
ひとまとめにしておいたからこそ、不要なデータの整理も効率的に行
えます。

(2)「元データ」サブフォルダ

　「履歴」サブフォルダに加えて、「**元データ**」サブフォルダも便利で
す。**作業に関連して入手した元データをそのまま保管するために使い
ます。**「そのまま」とは、ファイル名、ファイル形式、ファイルの中
身すべてが加工されていない状態という意味です。生データとも呼ば
れます。他部署から入手したファイルの場合には、先方が付けたファ

152

イル名のままにしましょう。また、ファイル形式がCSVだったとしたら、形式を変更せずCSVのままにしておきます。入手したファイルを加工して作業する場合には、作業前に未加工の状態でコピーして、この「元データ」サブフォルダに保管してから加工作業を始めるようにしましょう。

　ここまで「そのまま」にこだわる理由は、次回依頼しやすくするためです。何度か述べている通り、決算は繰り返されるので、前回と同じ資料を依頼することが多くあります。とくに、他部署に依頼する場合、先方の担当者が変わっていても同じ資料を出してもらわなくてはなりません。その際に、「前回これをもらいました」とそのままのファイルを見せると、相手もどの資料なのか分かりやすく、入手できる可能性が高まります。つまり、私たちの次の決算作業をスムーズにするのに、「元データ」サブフォルダは役に立つのです。

(3)「提出済」サブフォルダ

　もう1つの便利なサブフォルダが、**「提出済」サブフォルダ**です。例えば、決算期間の途中経過として、経理部長やCFOに試算表を提出する場面があります。いつ、どの数字を中間報告したのかを後から把握できるように、提出した時点のファイルを保管するのがこのサブフォルダの役割です。担当者はずっと決算作業にかかりきりなので、いつどのような修正が入ったかを意外に忘れがちなものです。一方で、経理部長など報告を受ける立場からすれば、前回の報告からの変更点を中心に説明を受けたいものです。このとき役に立つのが、この「提出済」サブフォルダです。

　フォルダに提出済みのファイルを入れる際には、「履歴」サブフォルダへの保管と同様に、**ファイル名に「提出日付」を付け、さらに「提出先」も加える**とよいでしょう。そうしておくと、仮に自分以外の担当者が更新版を報告することになっても、前回からの変更点を容易に把握できます。

第5章 「使う」部門内で押さえておきたいエクセル戦略

●「提出済」サブフォルダとファイルの例（売掛金の得意先別前期比較の場合）

📁 提出済 ─────── 📘 売掛金_得意先別前期比較_2018年_営業事務_180104
　　　　　　　　　 📘 売掛金_得意先別前期比較_2018年_経理部長_180104
　　　　　　　　　 📘 売掛金_得意先別前期比較_2018年_経理部長_180106

(4) フォルダ管理のまとめ

　ご紹介した3種類のサブフォルダをすべて使うと、フォルダの中は下図のような状態になります。つまり、あらゆるフォルダの中に、3つのサブフォルダが出現します。フォルダ直下にあるファイルが最新版または最終版ですので、使う立場の同僚や上司からすれば、これだけを見れば基本的に事足りるでしょう。また、翌年度に同じ作業をする担当者は、「元データ」サブフォルダを確認すれば、どのようなデータを入手すればよいのか容易に知ることができます。

● 3種のサブフォルダの利用例

📁 20_売掛金 ─────── 📁 10_得意先別 ─────── 📁 元データ
　　　　　　　　　　　　　　　　　　　　　　　 📁 提出済
　　　　　　　　　　　　　　　　　　　　　　　 📁 履歴
　　　　　　　　　　　　　　　　　　　　　　　 📘 売掛金_得意先別前期比較_2016年
　　　　　　　　　　　　　　　　　　　　　　　 📘 売掛金_得意先別前期比較_2017年
　　　　　　　　　　　　　　　　　　　　　　　 📘 売掛金_得意先別前期比較_2018年

　このように、**ファイル名ではなく、フォルダの区分けを活用するのが、ファイルのバージョン管理における大きなポイント**です。

　私たち経理パーソンは大量にファイルを作っていますが、実際に使うファイルの数は限られています。フォルダをうまく活用すると、本当に必要なファイルだけを見つけやすくなるのです。

154

「時点」「内容」「役割」で中が見えるファイル名を付けよう

(1) ファイル名の付け方の3要素

　フォルダ構造の整理に続き、ファイル名の付け方を考えてみましょう。フォルダの中には、複数のファイルが並ぶのが常です。フォルダをのぞくと、「売掛金まとめ」といった漠然とした名前のファイルを見かけることがあります。他にも、「平成30年度第2四半期」「20190713」など決算期間や作成日がそのままファイル名になっている例もあります。

　このようなファイル名は好ましくありません。その最も大きな理由は、ファイルを開かないと内容がまったく分からない点にあります。そもそもファイル名の役割は「名札」です。中身を見たことがない人でも、何なのか推測できるように付けるのがファイル名です。したがって、**誰もが内容を想像できるファイル名を付ける**ようにしましょう。

　また、ファイル名の付け方のもう1つのポイントは、「独り歩きできる」ことです。作成したファイルをメールで監査法人や顧問税理士に送ることもあります。このとき、**改めてファイル名を付け直す必要がない**ようにしましょう。

　名札のように中身が分かる、独り歩きできる。この2つを満たすには、次の3つの要素をファイル名に含めるとよいでしょう。

(2) 時点

　1つ目は「**時点**」です。経理パーソンが作成するファイルの大半は、決算と紐づいています。そこで、どの決算期間に関するファイルなのかファイル名だけで分かるようにしておくと便利です。そうすれ

第5章 「使う」部門内で押さえておきたいエクセル戦略

ば、次の決算で同じファイルを作成するときに、どれが直近の決算の
ファイルか判断しやすく、安心してファイルをコピーして使用できま
す。

(3) 内容

2つ目は、ファイルの「内容」です。具体的には、**関連する「勘定
科目」**をファイル名に含めましょう。章の前半で説明した通り、フォ
ルダ体系は勘定科目に基づいています。それならば、フォルダ名を見
れば関連する勘定科目は分かるのではないかと思うかもしれません。
しかし、ファイルがフォルダから離れて「独り歩き」するには、ファ
イル名だけが唯一の手がかりとなります。よって勘定科目があった方
がよいのです。

(4) 役割

3つ目として、そのファイルの**「役割」**もファイル名に加えましょ
う。「役割」とは、行っている作業内容や分析の切り口です。例えば、
売掛金に関する業務には、得意先別内訳もあれば、回転期間に関する
分析もあります。そのため、売掛金について**どのような観点で作業や
分析を行っているのかを明確に**しましょう。

「時点」や「内容(勘定科目)」をファイル名に付けるときは、とく
に表現に迷わないと思います。しかし、3つ目の「役割」は言葉で表
すのが難しい場合もあるでしょう。どう表現するか悩まないためのヒ
ントは、経理用語の採用です。経理用語は、「得意先」や「回転期間」
など会計に関して一般的に使われる言葉です。これらを使うことで、
どのような内訳や分析なのかを経理知識がある人は理解しやすくなり
ます。また、自社の用語を使ってみるのも手です。例えば、プロジェ
クトコード、事業区分といった社内で使われる切り口をファイル名に
含めると、社内のメンバーが理解しやすくなります。

156

7. 「時点」「内容」「役割」で中が見えるファイル名を付けよう

(5) ファイル名の付け方のまとめ

　ファイル名に含めるべき3つの要素を改めて整理してみましょう。1つ目の「時点」情報はWHEN（いつ）にあたります。2つ目の「内容」すなわち勘定科目はWHAT（何）です。そして、作業内容や切り口といった役割に関する情報は、HOW（どのように）と捉えることができます。つまり、WHEN、WHAT、HOWの3つがあれば、「名札」として十分機能するのです。

● ファイル名の3要素

項目	意味	例
時点	WHEN	平成30年度第2四半期
内容	WHAT	売上
役割	HOW	得意先別明細、回転期間分析など

(6) ファイル名の実務上の注意点

　ファイル名について、いくつか実務的な留意点に触れておきます。

①　3要素の並び順を統一する

　ファイル名に含めるべき3要素の並び順は、できる限り統一しておいた方が見やすいでしょう。ファイル名のどの辺りを見ればよいか分かっていれば、ファイルを探す時間も短くなります。

②　期間の表記も統一する

　また、期間の表記の仕方も統一しましょう。年度の表記方法として、元号を使うか西暦を使うか、西暦の場合には4桁表示にするか下2桁表示にするかなど複数のパターンが考えられます。また、四半期の表記方法も「第2四半期」とするか、「Q2」または「2Q」（Q＝Quarter、四半期）と略すかなど、パターンがいくつもあります。ど

157

第5章 「使う」部門内で押さえておきたいエクセル戦略

のような表記を使うかで、先ほどと同様に探しやすさも変わります。とくに、フォルダ内の並び順や、検索しやすさに与える影響も大きいので、できるだけ統一した方が効率は上がります。

③ 期間は「絶対的」に表現する

ファイル名の期間情報として、「前期」や「当期」などと表現するのはやめましょう。翌年になると、前期や当期が指す年度は変わってしまうため、ファイル名だけで年度を特定するのが難しくなってしまいます。これでは付けた意味がありません。つまり、期間情報は時の経過で意味が変わってしまう「相対的」な表現ではなく、「2019年度」といった「絶対的」な表現方法を使うようにしてください。

使う用語は統一する

　前述した期間の表記についての話は、小さなことに思えるかもしれません。「どのように表記しても考えれば分かる」と言われたら、確かにその通りです。しかしながら、多忙な私たち経理パーソンにとっては、考える時間自体がもったいないのです。小さなことに関しても部門内で検討し、できる限り時間短縮を心がけることが大事です。

　「小さなこと」の例は他にもたくさんあります。例えば、「前期」を、「前年度」や「前会計年度」などと表現する会社もあります。どれももちろん意味合いとしては通じますが、言葉としては別物です。経理パーソンが使用するときには、いずれかを選ぶ必要があるのです。使うものがはっきり決まっていないと、選ぶために、過去の例を思い出したり、調べたりする手間が発生します。経理経験の浅いメンバーや、転職してきて日が浅いメンバーはとくにそうです。**「使う」編は、自分ではなく他の人の目線で考えることが重要です。メンバーの立場や行動を意識した上で判断するようにしましょう。**

　前の項目で取り上げた、年度の表記を元号で書くか西暦で書くかは、今が旬の「小さなこと」といえるでしょう。これまでは、年度の表記について統一ルールを持つ会社は少なかったと思います。しかし、元号が変わった今年（2019年）においては話が異なります。なぜなら、元号が年度の途中で変わるため、同じ年度内でも、月ごとのファイルの継続性を確保するのが難しくなるからです。例えば、3月決算の会社であれば、4月だけは「平成31年」ですが、5月以降の11か月間は「令和元年」になります。つまり、3月決算の会社が元号を使ってしまうと、平成31年4月と令和元年5月以降が同じ会計年度であることが分かりにくくなるのです。

　先日私が訪れた銀行では、通帳記帳が元号から西暦に切り替わっていました。おそらく、これも**継続性**を重視したためではないかと思い

第 5 章　「使う」部門内で押さえておきたいエクセル戦略

ます。西暦を使うことで、"190430"（平成31年4月30日）と
"190501"（令和元年5月1日）が同じ年度だと容易に分かるように
なります。もし引き続き元号を使っていた場合には、"310430"と
"010501"と分かりにくくなってしまいます。

　会社によっては、「第X期」と、自社の設立からの期数表記を採用
しているケースもあります。このメリットには、今回のような元号の
切り替えに伴う複雑さがないことが挙げられます。その一方で、社外
から見ると、それがいつの期間なのか容易には分からないというデメ
リットがあります。西暦は、世界中の誰から見ても分かり、年度途中
での切り替えの複雑さがない点で、元号や自社の期数と比べて扱いや
すい方法といえます。

　このような小さなことほど、後から部門内で統一しようとすると大
変です。修正するにも手数がかかり、また、慣れた自己流のやり方の
くせがなかなか直らないメンバーもいるでしょう。このように各人が
自己流でやり始める前に、ルールを決めると手戻りが生じないで済み
ます。つまり、**小さなことほど「先手必勝」**なのです。

9. フォルダ内のファイルの数は7つまで

この章では、フォルダ構成（フォルダ体系とバージョン管理）やファイル名について述べてきました。最後に、フォルダとファイルの関係として、フォルダ内のファイルの数を考えてみたいと思います。

(1) ファイル数の目安は「マジックナンバー7」

「使う」の観点からは、フォルダ内のファイルの数は少ない方がよいといえます。なぜなら、初めてそのフォルダを見る人は、ファイルの数が少ない方がどのようなファイルがあるかを理解しやすく、探しやすいからです。つまり、使う側の心理的な負担が少ないのです。

それでは、「少ない」とは具体的にどれくらいでしょうか。私が目安としておすすめするのは、「マジックナンバー7」という考え方です。ある認知心理学者は、人間が短期で記憶できる情報の固まりは7つ程度だと提唱しています。現在は、7つではなく4つ程度とする説もありますが、いずれにしても、私たちの脳が一気に処理できる情報量はそんなに多くないのです。ちなみに、電話番号や郵便番号がハイフンでつなぐことで、最大4桁に区分されているのも、その原理に基づいているとも言われています。経理の現場を考えると4つは現実的ではないので、7つを目安とします。

(2) 月次ファイルの扱い

① 「7」より多くてもよいケースもある

ただし、実務では、ファイルを月次で作成するために、フォルダ内に月数と同じ12個のファイルが並んでいる場合もよくあります。マジックナンバー7なら12個あるのは良くないかといえば、そうでは

第5章 「使う」部門内で押さえておきたいエクセル戦略

ありません。「情報の固まりが7つ程度であれば理解できる」ということですから、月次ファイルの相互の関連性を踏まえると、12個セットでひと固まりととらえることができます。ですから、それほど神経質になる必要はないでしょう。

② ファイル名を工夫して理想的に並べる

　月ごとのファイルを作成するときは、ファイル名の表記方法に注意する必要があります。ファイルの並び順に影響するからです。3月決算の会社の場合、月ごとに作成したファイル12個は、4月から翌年3月の順番に並ぶのが理想的です。しかし、単純に年月をファイル名とすると、一般的には次の図の左側のように、その年の1月を先頭としてファイルが並びます。対応方法はいくつかありますが、図の右側のように、**「会計期間」の表示を加えてファイル名を付けると、簡単に望ましい順で並びます**。「会計期間」とは、年度の始めの月を「P01」（P＝period、会計期間）と表現する、会計システムでしばしば見かける表現のことです。

● **ファイル名と並び順の関係**

月表現のみを付けた場合		会計期間（P00）を付けた場合
売掛金_得意先別前期比較_2018年_1月		売掛金_得意先別前期比較_2018年_P01_4月
売掛金_得意先別前期比較_2018年_2月		売掛金_得意先別前期比較_2018年_P02_5月
売掛金_得意先別前期比較_2018年_3月		売掛金_得意先別前期比較_2018年_P03_6月
売掛金_得意先別前期比較_2018年_4月		売掛金_得意先別前期比較_2018年_P04_7月
売掛金_得意先別前期比較_2018年_5月		売掛金_得意先別前期比較_2018年_P05_8月
売掛金_得意先別前期比較_2018年_6月		売掛金_得意先別前期比較_2018年_P06_9月
売掛金_得意先別前期比較_2018年_7月		売掛金_得意先別前期比較_2018年_P07_10月
売掛金_得意先別前期比較_2018年_8月		売掛金_得意先別前期比較_2018年_P08_11月
売掛金_得意先別前期比較_2018年_9月		売掛金_得意先別前期比較_2018年_P09_12月
売掛金_得意先別前期比較_2018年_10月		売掛金_得意先別前期比較_2018年_P10_1月
売掛金_得意先別前期比較_2018年_11月		売掛金_得意先別前期比較_2018年_P11_2月
売掛金_得意先別前期比較_2018年_12月		売掛金_得意先別前期比較_2018年_P12_3月

第6章

「見せる」経営者に報告するためのエクセル戦略

1. 「見せる」相手を想像しよう
2. 報告用エクセルの基本フォーマット
3. より見やすくするための3つのコツ
4. 経営者が喜ぶ報告の仕方
5. パワーポイントとエクセルどちらで作る？
6. 新たな報告用資料の作り方
7. 既存の報告用資料を更新する
8. 「見せる」エクセルにもデータベースを活用しよう
9. 経営者への報告は準備が肝心

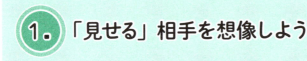

1. 「見せる」相手を想像しよう

(1)「見せる」相手は社内と社外

　ここからはいよいよ3つのステップの最後「見せる」に入っていきます。

● 場面別のポイント(再掲)

	①作る	②使う	③見せる
WHO	担当者	上司・担当者	経営者・他部門・社外
POINT	・正しさ ・速さ	(・正しさ) ・分かりやすさ(必要な情報のありかが分かる)	・分かりやすさ(ビジネス上の意味合いが分かる)

　「見せる」場面で大事なのは、ビジネス上の意味合いの「分かりやすさ」でした。これは、資料を見た相手が、自分の役に立つ情報を取り出すことができる、分かりやすさのことです。資料を見る人は、自分の業務のために欲しい情報があり、資料を通じてこれを入手することこそが、資料を見る目的なのです。経営者であれば、今後の会社の方向性に関する意思決定をするためというのが代表的な例でしょう。そのために**必要な情報を分かりやすく提供することが、見せる場面での私たち経理パーソンの役割**ともいえます。

　このように、「見せる」相手は、経営者、他部門など社内の人が中心でしょう。会社によっては、銀行や顧問税理士、そして監査法人など社外の人の場合もあります。「見せる」の対象者は社内・社外とさまざまですが、共通する点が2つあります。

1. 「見せる」相手を想像しよう

(2) 相手は、情報の非対称性が大きい

　まず、「『情報の非対称性』が大きい」ことです。私たち経理パーソンは、自社のことをよく知った上で、会計知識も持っています。しかし、社内の経営者は、自社のことは熟知していても、会計知識が豊富というわけではありません。そのため、決算書を通じて自社を見た場合には、疑問点が出てくるのは当然です。

　一方、社外の関係者は、会計などの知識は十分なことが多いものの、私たちの会社やその業界のことについては知らないこともよくあります。その場合には、決算書を見ながら自社の事業やその状況について基本的な説明が必要になります。つまり、対象者に提供する報告用資料は、この「情報の非対称性」を埋める役割も求められるのです。そこで、**相手が持っている情報と持っていない情報をあらかじめ整理した上で、報告用資料を作ることが大事です。**

(3) 相手は、時間がない

　もう1つの共通点は、「見せる」の対象者は「時間がない」ことです。多忙ゆえに、相手は報告用資料を見る時間は多くはないと思った方がいいでしょう。時間がない上、前述した通り前提となる知識が不十分です。そこで**負担を減らすよう報告用資料のボリュームはできるだけ絞り込みましょう。**

　しかし、実務では逆に「使うかどうか分からないけど、この情報も入れておこう」と、経理パーソンが報告用資料を多めに用意する場面をしばしば見かけます。ここで意識したいのは、「何を資料に入れるかを決める」のも私たち経理パーソンの腕の見せどころなのです。会計または自社の知識が不十分な相手にとっては、見慣れない資料はそもそも何なのかを理解するのにすら時間がかかります。つまり、**情報が多いことは、相手にとって必ずしも親切ではない**のです。人によっては不要な情報を「ノイズ」（雑音のこと）と呼ぶことさえあります。

165

第6章 「見せる」経営者に報告するためのエクセル戦略

したがって、一般には報告用資料の枚数は少ないほど好ましいといえます。どのような情報を提供するのか。知識が最も豊富な私たちだからこそ相手の状況を踏まえて絞り込むことができるのです。こうすることで、相手に時間がない中で報告用資料を見てもらい、活用につなげてもらう可能性が上がるのです。

● 「見せる」対象者に共通する特徴

① 「情報の非対称性」が大きい
② 時間がない

(4) 報告用資料作りは、数字から言葉への翻訳

相手の前提を理解し、カスタマイズして情報を絞り込む。報告用資料作りは、「数字から言葉への翻訳」といえます。つまり、数字そのものを伝えるのではありません。**数字が意味する情報を相手に分かる言葉に置き換えて届けることこそが大事**になってきます。

『改訂版 金持ち父さん 貧乏父さん』(ロバート・キヨサキ著／白根美保子訳、2013年、筑摩書房) というベストセラーの中に、「大事なのは数字自体ではなくそれが意味することだ」といった意味合いの文章があります。この本は、個人の資産形成について書かれた本ですが、数字の活用という点で共通しています。金持ち父さんの言葉は、経理パーソンが経営者に対して提供すべきものにも通じるのです。

数字は客観的な経営情報です。そして、多くの経営者はその有用性に期待しています。経理という「数字の専門部署」をおいているのは、この翻訳の役割を私たちに期待しているからに他なりません。**私たちの翻訳をもとに、経営者が会社の状況を的確に理解し、適切な意思決定につなげてもらう**。これが、報告用資料のゴールなのです。

2. 報告用エクセルの基本フォーマット

　見せるエクセルのコツを4つ見てみましょう。この図は、エクセルで作った経営者向けの報告用資料の一例です。年次の実績が確定したので、それを経営者に報告するという場面を想定しています。皆さんの会社にも同様の資料があると思います。異なる点はあるかどうか、それはどこかを確認しながら見てみてください。

● 経営者向け報告用資料の例

4．年間実績サマリ
'19/1/20時点

年間売上13.9億円，営業利益5百万円で着地。
〈対予算〉
売上は新店舗開店により1.1億円上回るものの，営業利益は9百万円不足。主要因は，下期の時給の上昇（5百万円）と光熱費削減の未達（3百万円）。
〈対前年〉
売上は新店舗開拓により1.5億円上回るものの，営業利益は1百万円減少。主要因は，下期の時給の上昇（8百万円）。

単位：百万円　　　　　　　　　　　　　　　　　　　　　　　　　※Mは百万円

	'17年度実績		'18年度予算		'18年度実績		vs '17実績		vs '18予算		対予算変動要因
売上	1,241	100.0%	1,278	100.0%	1,390	100.0%	149	-	112	-	新店増加（予算に対して＋1店舗）
売上原価	869	70.0%	894	70.0%	973	70.0%	(104)	-	(78)	-	
売上総利益	372	30.0%	383	30.0%	417	30.0%	45	-	34	-	
商品関連損失	30	2.5%	31	2.5%	34	2.5%	(4)	-	(3)	-	
人件費	88	7.1%	88	6.9%	102	7.3%	(14)	(0.3%)	(14)	(0.5%)	10月より時給1,000円から1,100円へ（-5M）
広告宣伝費	19	1.5%	19	1.5%	20	1.5%	(1)	0.0%	(1)	0.0%	
賃借料	60	4.8%	60	4.7%	66	4.7%	(6)	0.1%	(6)	(0.1%)	新店増加(-5M)
支払ロイヤリティ	149	12.0%	153	12.0%	167	12.0%	(18)	-	(13)	-	
その他	21	1.7%	18	1.4%	23	1.7%	(2)	0.0%	(5)	(0.2%)	光熱費コントロール不十分(-3M)
計	367	29.6%	370	28.9%	412	29.7%	(45)	0.1%	(42)	(0.7%)	
営業利益	6	0.4%	14	1.1%	5	0.3%	(1)	0.1%	(9)	(0.7%)	

(1) エグゼクティブサマリを冒頭に

　一番上に言葉のサマリを付けるようにしましょう。表から導き出される結論を言葉で冒頭に書いておきます。一般にこれを「**エグゼクティブサマリ**」（**経営者のための要約**）と呼びます。

第6章 「見せる」経営者に報告するためのエクセル戦略

　経理部門の報告用資料には、数字しか載っていないものをしばしば見かけます。しかし、これは数字を見慣れていない人にとって、業績が良いのか悪いのかを判断するのにすら少し時間を要してしまいます。「見せる相手の目的にあった情報が入手できるように」とお話しましたが、それ以前の問題です。書いてある内容を理解するのに時間がかかる状況は望ましくありません。

　また、冒頭に書くのは、はじめに見る箇所だからです。人の目線は左上から右下に移動するといわれています。プレゼンテーションのスライドも多くはこのルールで作られています。逆に、このルールを無視して書くと、見せられた側は違和感を覚えたり、説明を無視して自由に目線を動かしてしまいます。

　さらに、PLなど見慣れたものであれば問題になることは少ないですが、その相手に初めて見せる表がある場合にはとくに注意が必要です。例えば、数字がたくさん並んでいると、どの数字に注目したらいいのか迷ってしまいます。これらの問題を解消するため、冒頭に言葉で結論を書いておくのです。まさにエグゼクティブサマリは「数字から言葉への翻訳」そのものといえます。

(2) 金額の単位は大きく

　「千円単位」など表に使われる金額単位は、できるだけ大きなものにしましょう。会社の事業規模にもよります。**上場会社など比較的大規模な会社では、経営者報告には百万円単位を使うとよいでしょう。小規模な会社または細かい金額まで把握したい経営者向けには、千円単位が適しています。**

　経理部門では、資料の大半を円単位または千円単位で作成しています。そのため、報告用資料もその延長で千円単位にて作成することが多いようです。しかし、経営者は大局的な視点から経営を見ています。つまり日常処理を担う経理部門とは視点の大きさが異なるのです。そこで、経営者向けの資料は、私たちが日ごろ使う金額単位より

2. 報告用エクセルの基本フォーマット

も3桁、つまり桁区切り1つ分上げるくらいがちょうどいいでしょう。

　同じことは、売上高構成比の表示にもいえます。10.83％と、小数点以下第2位まで売上高構成比を表示しているケースを結構見かけます。**小数点以下第何位まで表示するのがよいのかを必ず検討するようにしましょう。**多くの場合、小数点以下第1位までの表示で十分です。一部、製造業で原価低減に取り組んでいるなど小数点以下第2位に注目した方がいい場合には、もちろん第2位まで表示するといいでしょう。

　会計システムから出力した報告用資料の元データに含まれる売上高構成比が小数点以下第2位まで表示されているので、経営者用資料でもそのまま使っている。実務では、このようなケースも目にします。出てきたデータをそのまま使っていいのか、一歩立ち止まって検討しましょう。報告用資料にとって大事なことは、相手の理解を円滑にすることです。この考え方を大事に、どのように見せるのかを主体的にコントロールしましょう。

　この考え方は、金額単位や売上高構成比といった数字以外にも使うことができます。それは、勘定科目です。経理部門が日常使っている、会計システムから出力したPLは、勘定科目の数が数十、多い場合には百以上あります。そのPLをそのまま経営者に提供するのは、基本的にはやめましょう。もちろん、経理部門出身など経理に長けた社長に見せる場合などは、そのままでも構いません。一般には、多数の勘定科目が表示されていると、どこに目をやっていいのか分からず、また1つ1つの意味を理解しようと時間がかかってしまいます。経営者にとっては情報が多すぎるのです。**経営者向けのPLでは、重要な勘定科目は表示して、重要性が低いものは「その他」で集約する**などの工夫をしましょう。

169

第6章　「見せる」経営者に報告するためのエクセル戦略

(3) タイトルを忘れない

　報告用資料には、必ずタイトルを付けましょう。印刷時にもタイトルが分かりやすく表示されているか確認します。私たち経理パーソンはパソコン上のデータとして資料を見ることが多いので、無意識のうちにファイル名をタイトルと認識してしまう傾向があります。報告用資料を印刷して初めて資料にタイトルがないことに気が付きます。これは見落としがちな点です。

　第5章でファイル名の付け方の話をした際、「ファイルが一人歩きした場合にも何のファイルなのかが分かるように名前を付けましょう」というお話をしました。印刷した報告用資料も一緒です。例えば、経営者が後から見直すときに、資料が探しやすいように分かりやすい「名札」が必要です。

　同じく、**対象期間や金額単位、使用通貨なども印刷時にきちんと表示されていること**を確認します。対象期間というのは、「2018年度第2四半期」など、報告用資料の対象としている会計期間のことです。先ほどの例では、タイトルを「年間実績サマリ」としており、対象期間が年間であることが分かります。このようにタイトルに含めるかたちでも構いません。

　金額単位は、「単位：千円」という表示をすることが一般的です。なお、複数の通貨を会計に用いている会社では、この決算書が円建てなのか例えばドル建てなのかが分かるように明記します。例えば、「単位：千＄」という形で表示するのもいいでしょう。

　なお、**金額単位を表示する場所は、表本体の左上**がおすすめです。一般的に左上か右上が好まれて使われていますが、左上であれば、表を作成し始めた時点ですぐに入力するので、書くことを忘れることがありません。また、先ほどお話した目線の動き方にも合っています。少なくとも、金額単位の記載を忘れてしまうことだけは絶対に避けましょう。

　見た目に関するマナーにはいくつか選択肢があることが多いです。

2.　報告用エクセルの基本フォーマット

どちらも見る人にとって効果が同じであれば、作成者の実務的な観点からどちらの方法を採用するか決めて構いません。やり方を1つに絞り習慣化することで、その都度判断する必要がなくなります。

(4) 運用は継続する

　やり方を1つに決めて継続的に運用することのメリットは、実務担当者だけのものではありません。資料を見る側にとっても、毎回同じ方が負担が減ります。

　例えば、前述した勘定科目の集約の仕方が資料を作るたびに異なるようでは、経営者はその都度内容を確認し、理解する必要が出てきてしまいます。この時間が省けるように、経理部門内で定型化して、それを継続運用することを強くおすすめします。第2章でお話した報告用資料は「箱」としてとらえるというのは、これをまさに具体化したものです。私たち経理部門の作成にかかる工数も減り、報告の早期化にもつながります。

　したがって、ここまで述べたような表示の仕方はどれか1つを選んで続けるとよいでしょう。

● 「見せる」エクセルの基本ポイント

　・言葉のサマリをつける
　・できる限り大きな単位を使う（金額、売上高構成比）
　・タイトルや対象期間、金額単位を忘れずに
　・フォーマットは継続運用する

171

より見やすくするための3つのコツ

　基本のコツに続いて、より実践的なコツを見てみましょう。もちろん、まずは基本のコツを優先して取り組むのが大事ですが、完成度の高い報告用資料を作りたいということであれば、パッと見て分かるこれらの点に留意するとよいでしょう。「人は見た目が9割」というベストセラーもありますが、やはり「見た目」もいいに越したことはありません。これらの点に気を配ることで、内容が変わっていなくても質が高まったような印象を与えることができます。

(1) 色

　報告用資料を作る際は、色を活用するのもいいでしょう。第2章でも色のお話をしましたが、経理パーソンで色にこだわる人は少ないように思います。しかし、色は人の印象を大きく左右する要素です。活用のポイントは、**「適した色を適した場所に使う」**ことにあります。

　資料に含まれる表の枠など、**面積が大きい箇所に使うのは、「モノトーン」**がおすすめです。モノトーンとは、黒や白や灰色のことです。これらは色覚の面でバリアフリーであり、また好みの問題も少なく、理解の妨げになることがありません。つまり、見る側にとっては、色の「ノイズ」(雑音)を減らすことができるのです。

　もしこれ以外の色を使いたいのであれば、**自社の「コーポレートカラー」**がよいでしょう。コーポレートカラーとは、会社のテーマカラーのことであり、社章などによく使われています。ただし、コーポレートカラーが赤や黄色といった強い色の場合には、ノイズにならないか注意しましょう。

　その他の色の使い方として、「ハイライト」という方法があります。P.167の図表で売上と営業利益あたりの3箇所に、太線で四角に囲っ

3. より見やすくするための３つのコツ

た箇所があります。これが「ハイライト」です。「ハイライト」は、資料の中でもとくに注目してほしい箇所を強調するために使います。その趣旨から、目立つように強い色でも構いません。ただし、「ハイライト」の数が多すぎると、結局どこを見ていいのかが分かりづらくなってしまうので、１頁の資料に対して３〜４つ程度を目安にしましょう。なお、白黒で印刷する場合には、色を使わずに太い実線や太い点線で「ハイライト」を表現するやり方もあります。

(2) フォント

報告用資料では、**英語や数字の部分には「Arial」というフォントを使う**ことをおすすめします。線が細く、文字や数字の判別がしやすいといわれています。もちろん、どのようなフォントでも構いませんが、ここでも重要なのはノイズにならないことです。

例えば「HGS創英角ポップ体」は、その名前からしてポップな印象を受けますが、実際にポップで遊び心あふれる書体です。このような目をひく書体は、タイトルなどごく一部に限って使うのは効果的です。しかし、多数の数字が並ぶ表では、ありふれた書体を使った方がいいでしょう。同じ考え方から、**日本語であれば「明朝体」か「ゴシック体」**をおすすめします。

● フォント例

Arial	12345
Arial	Excel
創英角ポップ体	**エクセル**
明朝体	エクセル
ゴシック体	**エクセル**

第6章 「見せる」経営者に報告するためのエクセル戦略

どのフォントを使うかについて、経理部門内でルール化している会社も見かけます。実は、これは効率化の効果が結構高いのです。資料を作成する際にはかならずフォントを使用しますので、使用頻度が高いからです。

加えて、人材育成の観点からも合理的です。ベテランの経理パーソンは、どのフォントを使うべきか、そしてその理由をよく分かっています。その一方で、経験の浅い方や若手の方にとっては、フォント選びは都度考えたり調べたりしなくてはいけないことがらなのです。小さなことと思われるかもしれません。しかし、「小さなことだからこそ、忙しそうな先輩や上司に聞けない」という声が聞かれます。**実務でちょっと引っかかる小さなことこそ効率化のチャンスを含んでいるのです。**経験豊富なメンバーの経験や知識を横展開できると、部門全体の効率化はもちろん、報告用資料の質の向上にもつながります。

(3) グラフ

グラフは目を引く効果が高いので、使うことをおすすめします。数字だけが並んだ表に比べると、見る人にとって**「とっつきやすさ」**と**「理解しやすさ」はともに格段に向上します。**数字だけの表は見る気が失せて、十分に目をやらない人もいますが、グラフはその心理的なハードルを下げてくれます。また、短い時間で理解できるのは、「見せる」ポイントである「ビジネス上の意味合いにもとづく分かりやすさ」にとって、大きな助けになります。

グラフの種類は、一般に使われているもので十分です。棒グラフ、円グラフ、折れ線グラフといったものがよく使われます。多くの人にとって理解しやすいことは大事です。分かりやすさを目的に入れたグラフなのに、その読み方を説明しなくてはいけないとなったら、本末転倒です。

最近、利用が増えてきているのが、「滝グラフ」です。滝グラフは棒グラフを少しアレンジしたものであり、感覚的に難しい印象を与え

ません。よく日本経済新聞の決算発表欄にも登場しており、例えば、経常利益の前期比の増減要因を説明するのに用いられています。滝グラフのメリットは、プラス要因とマイナス要因がそれぞれ複数ある場合にも、影響の大きさも含めて視覚的に理解しやすいことです。Excel2016から、このグラフが簡単に作れるようになりました。通常のグラフと同様に、ツールバーの［挿入］ー［グラフ］ー［ウォーターフォール］（英語で「滝」の意味）を選択するだけで滝グラフがほぼ完成します。

● 滝グラフの例

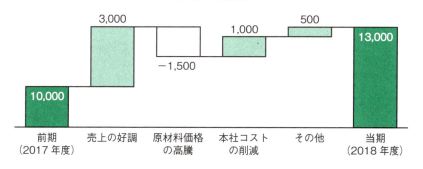

A社2018年度　年間経常利益の前期比増減要因
（単位：百万円）

経営者が喜ぶ報告の仕方

　形式面のコツに続いて、経営者に喜ばれる中身についてみてみましょう。

(1) 分析コメント

　月次決算の前期比較や予実比較など、数字の動きに関してコメントする箇所が、報告用資料の中には必ずあります。差異要因についてどう表現するかは、経理パーソンの大きな悩みの1つだと思います。経営者への報告用資料となると、表現の仕方によっては経理から関連部門への批判とみなされたら大変です。とても神経を使います。ましてや、認識間違いがあった日には大ごとです。

　このような事態を避け、効率的に差異を説明するために、活用したいものがあります。それは、**各事業部門が経営者に対して行った定例報告会議の資料**です。経理部門が経営者に対して月次決算の報告を行うのと同様に、各部門も月次程度の頻度で、経営者に前月の活動実績や当月の活動予定を報告しています。そのタイミングも、月の1週目などの経理が決算報告をするよりも早いことがほとんどです。その中では、自部門の状況が分かるKPIにも触れていることが多いので、ぜひその内容を押さえるようにしましょう。そして、決算数値に影響があるものを見つけたら、差異要因のコメントにその内容を含めます。

　例えば、営業部門はKPIとして販売単価と販売個数に注目しており、この結果を毎月第2営業日に社長に報告していたとします。そうであれば、経理部門からの月次の決算報告の際、売上の前期比較のコメントの中で、前期と当期についての販売単価と販売個数の動きにも簡単に触れるのです。

　報告を受ける経営者の立場からすれば、すでに知っている着眼点で

あり、その結果も聞いているので理解しやすい点は大きなメリットです。加えて、その話が実際の業績にどれだけ影響しているのかを理解することができます。各部門からのKPIの報告だけでは、それが実際の決算書にいくらの影響を与えているのかというのは分かりません。その影響を金額で説明することは、全社の業績を束ねる経理部門しかできない役割であり、価値が高いものです。

一方、経理パーソンにとっても、各事業部門の報告に基づくことで、コメントの内容を間違えなくて済みます。また、すでに報告した内容ですので、相手に対する批判とみなされる可能性は低いでしょう。さらに状況をあらかじめ押さえておくことで、理由探しが容易になり、大幅に作業時間を短縮できます。

実務では、差異が発生していたら理由を探すという「数値→事業」の順番で検討されることが非常に多いです。一方、今説明したやり方は、**事業の状況をまず押さえてから数字を見るという「事業→数値」の流れ**です。

会計では、押さえるべきポイントのことをアサーション（監査要点）といいます。「数値→事業」の流れは実在性というアサーションと、「事業→数値」は網羅性というアサーションと整合します。一般に、網羅性のアサーションを守るのは難しいといわれていますが、これを解決する方法としても有効です。つまり、会計の考え方からしてもこのやり方は好ましいものといえます。

(2) 要因分解

差異の要因分解は、一般に、経営者に好まれます。それぞれの要因が実際にいくら売上や利益に影響しているのかを金額とともに説明するものです。先ほどみた滝グラフは、要因分解を分かりやすく絵に表したものといえます。先程の滝グラフの例（P.175）であれば、「経常利益が前期から30億円増えたのは、主に売上が好調だったため（＋30億円）と本社コストの削減（＋10億円）による。これらが、原

第6章 「見せる」経営者に報告するためのエクセル戦略

材料価格の高騰（影響額15億円）を吸収した」といった感じです。

　経験豊富な経理パーソンは、「経常利益が増えた要因はPLを見れば分かる」と思うかもしれません。しかし、PLは多くの勘定科目で構成されており、さらには変動費と固定費が混ざっているため、数字から概要をつかむのは普通の人には難しいことなのです。したがって、**事業に関する情報と結びつけた上で、それぞれの要因の影響がいくらということを合わせて伝えるととても喜ばれます。**「金額」というモノサシで説明することで、経営者はより具体的に影響度を理解し、その後の意思決定に活かすことができます。

(3) 結論と提案

　さらに、全体の結論の伝え方にもポイントがあります。**まず、結論の良し悪しを明確にしましょう。**つまり、「報告する業績は全体として良いのか悪いのか」です。数字の表からだけでは全体の意味合いを読み取るのが難しい人も多くいます。まずは、何が言えるのかをひとことで伝えられるよう整理しておきましょう。

　プレゼンテーションでは、表のまとめとして伝えたいことを「メッセージ」と呼びます。メッセージを分かりやすく伝えるための工夫が、エグゼクティブサマリを用意する、ハイライトを付けるなどです。単なる細かい事実の集合体ということではなく、全体として1つの結論を伝えることに価値があります。

　その上で、できる限りで構わないので改善につながる提案を含めると経営者はより聞く耳をもってくれるでしょう。例えば、予算に対する進捗報告で、「当期に予定している案件Aは来年に持ち越しても間に合うとのことなので、時期をずらせる可能性があります」といった情報です。「このままでは目標利益が達成できなさそうです」とだけ伝えることは、経営者は望んでいません。実際に、有名な経営者が「単に達成できないという予想を報告してくるCFOはいらない。あらかじめ手をいくつか打った上でその取り組み経過について報告してく

ることがCFOの仕事だ」と言っているのを聞いたことがあります。自分の立場でできる範囲で構いません。会社の目標や相手のニーズに沿った情報を収集し、提供できるようにしましょう。

　経理部門はとかく「批評家」だの「外部有識者」だのと言われがちです。社内の経営者や各部門の要望よりも、税法や会計基準などのルールを優先せざるを得ない場面もあります。実際に私もそのように言われたことは一度ではありません。だからこそ、より事業や経営について理解をした上で、少しでも提案する姿勢を見せることが重要なのです。

5. パワーポイントとエクセルどちらで作る?

　ここまでの話の通り、報告用資料は見る相手がどのように感じるか、つまり見た目がすべてです。どのソフトで資料を作成するかで、見た目の印象が変わります。そのため、報告用資料をパワーポイントで作るのか、エクセルで作るのかという質問をよく聞かれます。

　経理部門では、エクセルを使って報告用資料を作るケースが主流です。最近は、全社でパワーポイントの使用が増えたために、経理部門も報告用に限ってはパワーポイントを使用するケースが出てきています。パワーポイントを使う場合、エクセルと比べて、文字数やレイアウトの制約により、情報量が自然と制限されます。多忙な経営者は情報量が絞り込まれている方を好むことが多く、この点はむしろメリットといえます。一方、エクセルは多くの情報を詰め込みやすいツールです。パワーポイントと違って枠の制限がないために、入れようと思えば、フォントを小さくしていくらでも情報を押し込むことができるのです。さらに、パワーポイントは色や図を多用します。そのため、数字など情報の羅列になりがちなエクセルに比べると、相手は分かりやすそうな印象をもつでしょう。

　このように、見る側にとっては、パワーポイントの方がメリットが多いといえます。パワーポイントがプレゼンなど報告目的のソフトウエアであることを考えれば当然です。しかし、ここで注意が必要なのは、作り手である私たち経理パーソンはパワーポイントに不慣れなことが多いという点です。社内報告用資料を通常どのソフトウエアで作成されているかに応じて、どのような進め方がいいのかをまとめました。

5. パワーポイントとエクセルどちらで作る？

（1）社内報告は通常パワーポイントが使われる場合

　社内報告は原則パワーポイント、という場合におすすめなのは、**「報告用資料の見た目は社内の通例に合わせるが、パーツとなるデータの作成はエクセルを使う」** という方法です。貼り付ける表やグラフをエクセルで作成しておいて、エクセルのまま貼り付けを行うのです。表であれば、「形式を選択して貼り付け」に含まれる「リンク貼り付け」という機能を活用すると、中身の数字に変更が生じた場合にも、表などの更新がしやすいです。こうすることで、最終的な見た目はパワーポイントですが、大半の操作をエクセルで行うことができます。無理してパワーポイントを使おうとすると時間がかかってしまうため、自分たちが慣れ親しんだエクセルを最大限活用するのがポイントです。

（2）社内報告は通常エクセルが使われる場合

　一方、**社内の報告はエクセルでも構わないという場合には、ぜひエクセルを使いましょう。** パワーポイントと比較して、経理パーソンはエクセルを得意としているはずです。私たちは実際に手を動かすことで資料を作りますので、効果が同じであれば、作成にかかる時間が少ない方がいいのです。なお、エクセルを使う場合には、情報を詰めこみがちになる点に注意しましょう。

　また、パワーポイントで報告用資料を作成した場合でも、エクセルの資料と併用するという方法もあります。具体的には、報告用資料自体はパワーポイントで作成し、手持ち資料はエクセルで作ります。手持ち資料というのは、質問された場合に口頭で説明できるように用意する参考資料のことです。話が及んだ場合にのみ配布するという使い方もできます。**大事なのは、「なるべく配布しない」ということです。**
　質問された場合に備えて膨大な資料をあらかじめ印刷し、配布して

181

おくという方法をとる会社もあります。これは、あまりおすすめできません。何度も述べたように、知識や前提情報が少ない相手に対して、大量情報を提供するのは、親切なようで実は不親切です。情報の出し方をコントロールするという意識を持ちましょう。つまり、すべてを提供して相手にゆだねるのではなく、こちらが議論の流れの主導権をもつということです。「経営者への報告の場では、なかなか思う通りに進まない」という悩みを聞くことがあります。経営者の性格によるところもありますが、こちらの情報の出し方に改善の余地があることも多いのです。

新たな報告用資料の作り方

報告用資料を作成する際、報告用資料を新たに作成する場合と、定期的に同じ報告用資料を更新する場合の2つのケースがあります。

まず、新しく報告用資料を作る場合の作り方は、以下の6つのステップで行います。

● **新たに報告用資料を作る手順**

	考える	作る		使う
箱	①報告用資料の形を設計する	③①をエクセルで作る	⑤チェックする	⑥保管する
中身	②データ元を決める	④②から③にリンクを貼る		

(1) 報告用資料の形を設計する

新しい報告用資料作りは、**まず設計図をデッサンすることから始め**ましょう。

デッサンというのは、「すぐにエクセルをさわらない」とお話したことと同じです。頭を使う作業と手を使う作業は、分けた方が効率が上がります。また、あらかじめ設計図を作るのは、手戻りを防ぐのにも役立ちます。「手戻り」は、業務の効率を大きく下げてしまいますので、避けるように気を付けましょう。

報告用資料を作る際には、「箱」、つまり外枠から決めていきます。例えば、資料のタイトル、縦軸と横軸、表の金額単位などです。もし上司の指示で作成する場合には、ぜひ上司とともにホワイトボードの

第6章 「見せる」経営者に報告するためのエクセル戦略

前に行きましょう。その場でペンを手にとって、ホワイトボードに一緒にデッサンするのです。このやり方はコンサルティング会社でよく使われています。消したり書いたりがスムーズなのはホワイトボードの利点です。もし近くにホワイトボードがない場合はコピー用紙に、消せるボールペンを使って書くと便利です。

もしすでにこの表の「メッセージ」があらかじめ決まっている場合には、その内容もすり合わせしておくことが大事です。メッセージはこの資料の「目的」ともいえるので、表がメッセージと矛盾していないかを確認するのに役に立ちます。

(2) データ元を決める

設計図が出来上がったら、次は「中身」に取りかかります。**どこからその中身に使うデータを持ってくるのかを考えましょう。**

進め方のポイントは、「箱」と「中身」を切り離して考えることです。もし、すでに手元にあるデータを活用できるのであれば、その方が効率的です。つまり、「リサイクル戦略」です。同じデータを使っていろいろな資料が作れるかどうかは、経理パーソンとしての腕の見せ所です。箱と中身に分けたリサイクル戦略の実例は、後ほど詳しく紹介します。

中身のデータの出どころとして、まずはじめに検討したいのはデータベースです。第2章で紹介したデータベースは、自社でよく使うデータをあらかじめ用意しておいたものでした。もし手持ちのデータベースからは、作ろうとしている報告用資料に必要なデータが得られない場合に、初めてデータをゼロから入手するようにしましょう。実は、何でもかんでも、元データをダウンロードして作業をする経理パーソンが意外に多いと感じます。データベースのところで説明した通り、そのやり方をしていると、ダウンロードその他もろもろに時間がかかってしまいます。データベースを作る趣旨は、このような重複作業をなくし時間短縮をはかることにありました。漏れなく活用できる

6. 新たな報告用資料の作り方

よう、「まずデータベース、それがない場合にのみダウンロード」という順番を守ってください。

このような作業を続けていると、何度も同様のデータをダウンロードしていることに気が付くことがあります。その場合には、そのデータをデータベースに入れることを検討するとよいでしょう。データベースは、はじめに作ったものだけをメンテナンスするだけではなく、新たに対象を増やしてももちろんよいのです。逆に、使わないものが出てきたら運用対象から外しても構いません。そうすることで、自社の業務の現状により合ったものになります。

経理業務では、「減らす」や「止める」という判断が後回しになる傾向があると感じます。経理部の定例会議などを通じて使っている人がいないことが確認できたら、思いきって運用を止めましょう。「念のため」と運用し続けることが、作業を増やす原因になります。**止めようと声を上げること、止める勇気を持つことは、付加価値がさらに重視されるであろうこれからの経理パーソンに大事なことだと思います。**

(3) エクセルで作る

設計図と材料がそろったら、いよいよエクセルを使った作業開始です。ここで、初めてエクセルを開きましょう。(1)で用意した設計図をもとに、実際にファイルを作っていきます。ここでは、「箱」＝外枠を作ります。このとき、表の体裁（例えば、フォントの色や大きさ、枠の色）は、すでにある他の表から転用してくると効率的です。ゼロから考えると、時間がかかってしまいます。もちろん、経理部内でルールがあればそれに従うことでも時間を短縮できます。また、共通ルールがなくても、新規の資料作成が多いのであれば、あらかじめこれらを自分だけの「マイルール」として決めておくのもいいでしょう。

185

第6章 「見せる」経営者に報告するためのエクセル戦略

(4) リンクを貼り付ける

「箱」ができたら、今度は「中身」作りです。(2)で目星をつけておいたデータから一心不乱にリンクを貼り付けだしてはいけません。まずは、合計や利益といった計算できるセルに、計算式を入れましょう。第4章で紹介したモデルテストを行うには、計算セルを先に用意する必要がありました。計算セルがすべて埋まったら、いよいよ元データからリンクを貼り付けて数字をつなぎます。リンクの効率的な貼り付け方は、第3章を参考にしてください。

(5) チェックする

これでようやく報告用資料が一通り埋まりました。しかし、これでまだ全工程の半分だと思ってください。数字が埋まると資料が完成したような気になってほっとしがちです。でも、油断禁物、**チェックで問題がないことを確認するまでが資料作り**なのです。作るのと同じくらいの時間とエネルギーをチェックにも向けるのが理想です。

具体的なチェックの方法は、第4章ですでにお話しました。とくに、ここでは、「鳥の目」でのチェックを心がけましょう。作り手の視点から離れて、初めてこの資料を見る相手の気持ちになってみます。出来上がった資料だけを見て、何かひっかかるところはないか考えます。もし自分で何も思いつかないようであれば、はじめのうちは同僚に渡して気になる点を質問してもらうのもよいでしょう。もしくは、他の人が作った資料を見て気づいた点を自分でチェックリストにまとめておくのも1つです。良い点と改善したい点の両方を対象にします。このチェックリストを使えば、自分が作った資料でも、客観的にチェックすることができます。

最終的に、**報告用資料を提出する形で確認する**ことも忘れてはいけません。本番はプロジェクターを使うのであれば事前に実際に映してみましょう。文字が小さすぎる、色が思うように発色しないなど、試

6. 新たな報告用資料の作り方

してみて初めて分かることもたくさんあります。

⑥ 保管する

　これでチェックも終わり、無事に報告用資料が完成しました。もう1つ、実務では意外に忘れがちなことがあります。それは、**報告用資料のデータの保管**です。共有フォルダの正しい場所に、他のメンバーからも分かる名前で保管しましょう。報告用資料は、その重要さゆえに後で見直す可能性も高いため、誰がいつ見ても発見できることが必要です。第5章でお話した通り、ファイル名と保管場所に注意しましょう。

　また、月次決算の資料など、数字が確定後したタイミングで数字を「固定」させるとよいでしょう。リンクを貼り付けたままにしていると、ヒューマンエラーで数字が動いてしまい、間違った数字が報告される原因になることがあります。数字が確定する前に、同時並行で報告用資料を作成していた場合にもこの対応は必要です。具体的には第3章で紹介した「リンクの解除」という機能を使うと便利です。

187

7. 既存の報告用資料を更新する

● 既存の報告用資料を更新する手順

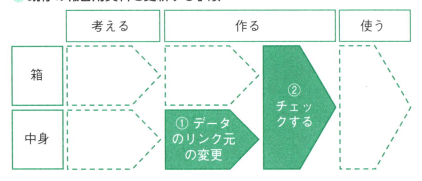

　従来から使っている報告用資料の中身を更新する場合は、新しいものを作る場合と比べて、手数を大きく減らすことができます。具体的には、新しく作成する場合の(1)から(3)を省略することができるのです。これまで説明してきたやり方で作成していれば、「箱」と「中身」のリンクをそのまま活用できます。その結果、中身のリンク元だけを変えれば資料ができあがるのです。

(1) データのリンク元の変更

　まず、データのリンク元を変更します。第3章の「**リンク元の変更**」という機能を使うと一気に変更できます。または、第3章で紹介した「**置換**」機能を使ってもよいでしょう。こちらは1つ1つ確認しながら進めることができるという違いがあります。

(2) チェックする

　リンク元が変更できたら、次はチェックです。チェックの仕方は新

7. 既存の報告用資料を更新する

しい資料の場合と変わりません。とくに、**売上や利益を中心に確認すると効率が**よいでしょう。売上を見ることで、既存資料の更新時に起こりがちな大きなリンクエラーをすぐに発見できます。また、利益を見ると、途中の費用項目も含めて効率的にチェックすることができます。

　このように報告用資料の作成には、これまで紹介してきたテクニックを大いに活用できます。テクニックを実践する集大成の場として、報告用資料作りに積極的に取り組んでみてください。

「見せる」エクセルにもデータベースを活用しよう

　データベースを活用した報告用資料の作り方を具体的に見てみましょう。データベースの作り方は第2章で詳しくお話しました。その際、どの会社でも用意すると便利なデータベースの1つとして紹介した月次部門別PLを例に説明します。

　図は、複数の店舗を展開している会社の、部門別PLのデータベースです。横軸に店舗、縦にPLの勘定科目が並んでいます。そして、各月ごとに1枚のシートという構成です。

　それでは、このデータベースを使ってどのような報告用資料を作成することができるでしょうか…。これだけの情報では、何も思い付かなくて大丈夫です。ゼロから考え出すのは難しいものです。私たち**経理パーソンに必要なのは、「当てはめ」や「使いまわし」をする能力**です。今回の例をきっかけに、報告用資料を作るときに、これが使い回せると気が付くようになれば十分です。

● 部門別PLの例

エリア	関東	関東	関東	関西	関西	九州	九州	合計
店舗名	A店	B店	C店	D店	E店	F店	G店	
売上	XX	XX	XX	XX	XX	XX	XX	XX
⋮	⋮	⋮	⋮	⋮	⋮	⋮	⋮	⋮
販売促進費	XX	XX	XX	XX	XX	XX	XX	XX
利益	XX	XX	XX	XX	XX	XX	XX	XX

| 4月 | 5月 | 6月 | 7月 | 8月 | 9月 |

ケース1：営業本部長から「先月の店の業績を知りたい」と頼まれた場合

　営業本部長は、営業のトップです。営業本部長の下には、各エリアを束ねるスーパーバイザーがいるとします。営業本部長は、まずは営業全体の概要を知りたいことでしょう。そこで、各店舗別ではなく、エリア別にPLをまとめる方がいいと推測しました。ひょっとすると、

8. 「見せる」エクセルにもデータベースを活用しよう

「『店の業績』と言っているから、各店舗のPLがよいだろう」と思ってしまうかもしれません。しかし、相手の立場や考え方を把握した上で、相手にふさわしい資料を出すことが大事です。相手の依頼を言葉どおりに受け取らず、その裏にある本当の意味を読み取ることも、ときに必要なのです。

同様に深読みすると、今後も毎月依頼されるかもしれません。そう考えるのであれば、今回分の数字のリンクを貼り付けるときに、そのまま次回分にも活用しやすいように工夫しておきましょう。

● 営業本部長向け資料の例：「エリア別月次PL（9月)」

エリア	関東	関西	九州
売上	XX	XX	XX
⋮	⋮	⋮	⋮
販売促進費	XX	XX	XX
利益	XX	XX	XX

ケース2：店舗開発部が「A店の撤退を考えているんだけど」と相談に来た場合

次は、店舗開発部からの依頼です。ここ数か月、A店の業績が落ち込んでおり、A店を閉める可能性があるようです。そこで、閉店を検討する材料を経理部に求めてきました。この依頼に対しては、A店のPLを月次推移の形で出すのがよいでしょう。そのためには、第2章で話した通りデータベースを各月シートをまったく同じ形式で作成しておくと、作業はとてもスムーズです。

具体的には、まず報告用資料の4月の列に、第4章で紹介した絶対参照を使って列を固定する形で、データベース上の4月のA店の数字からリンクを貼り付けます。その後、このリンクを残りの5〜9月にもコピーしておきましょう。そして、5月の列のリンク元を、データベースの4月のシートから5月のシートに第3章でお話した「置換」機能を使って変更します。同様に、他の月の箇所も、リンク元のシー

第6章 「見せる」経営者に報告するためのエクセル戦略

トを該当する月のものに置き換えます。シート内のA店の位置をどの月も同じにしておくことで、このような簡単な作業で資料を完成させることができるのです。

● 店舗開発部向け資料の例：「A店月次PL推移」

月	4月	5月	9月
売上	XX	XX	XX
⋮	⋮	⋮	⋮
販売促進費	XX	XX	XX
利益	XX	XX	XX

ケース3：販売促進部が「販売促進費の先月の使用状況が欲しい」と頼みに来た場合

　次は、販売促進部のケースです。「販売促進費の使用状況」の資料を頼まれました。体裁を最も適したものにするために、ぜひ使い道を質問しましょう。すると、「経営者への月次の活用報告に使う」ということだったので、グラフの形で仕上げました。グラフは、経営者にとって分かりやすいものです。加えて、説明する販売促進部にとっても好ましいといえます。**説明するのが他部門の人という場合には、分かりやすさに加えて、説明しやすさという視点も大事です**。また、販売促進部は、販売促進活動をエリア別に担当者を置いて行っているということを知っていれば、エリア別に集計するという発想が出てきます。

　先ほどの2つのケースと違って、今回の報告用資料はPLの形ではありません。このように、特定の勘定科目のデータが欲しい場合にも部門別PLのデータベースを活用することができます。「部門別PL→PLの形の報告用資料」という固定観念にとらわれないのも、「リサイクル戦略」のポイントです。

● 販売促進部向け資料の例：「エリア別販売促進費（9月）」

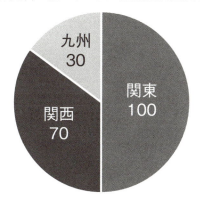

　データベースは「数学の公式」と同じです。まったく別の問題に見えても、同じ公式を使って解くことができるという経験をしたことが学生時代にあるかと思います。報告用資料の依頼もまったく別の案件や依頼のようなふりをして皆さんの前にやってきます。ぜひ見た目に惑わされないで、当てはめたり、使いまわしたりするリサイクル戦略の達人を目指してみてください。

9. 経営者への報告は準備が肝心

　報告用資料が出来上がったら、次は経営者への報告です。ここでのキーワードは3つの「使わせない」です。
　まず、1つ目の「使わせない」は、「時間」です。経営者は、スピードを重視します。一方、経理には丁寧な人が多く、検討した順番に細かい数字も正確に伝えるというスタイルを取る傾向があると感じます。その結果、気が短いことも多い経営者はイライラしてしまうこともあるようです。
　限られた時間を有効に使うために、経営者が気になることをテンポよく答えていけるようにしましょう。例えば、我慢しきれなくなった経営者が質問をしてきたら、手短に答えるようにしてください。できれば、YesかNo、または単語や数字ひとことで返せるとベストです。
　次の「使わせない」は、「頭」です。数字だけを淡々と述べてしまうと、その意味合いを経営者自身の頭で考え始めてしまいます。口頭では、良い悪いの意味合いを重視して説明しましょう。数字が必要であれば、そのときに資料に目をやればよいのです。「エグゼクティブサマリ」を冒頭に付けるという話をしましたが、これも頭を使わせないための対処方法の1つです。
　また、口頭で報告する場合には、専門用語に注意しましょう。例えば、退職給付費用や法定福利費という勘定科目名は、耳で聞くととても難しい印象を与えます。退職金の積み立てや社会保険料と表現するのも手です。
　そして、最後の「使わせない」は、「気」です。資料は「ペライチ」がいいでしょう。つまり、A4またはA3一枚に限定するのです。資料がたくさんあると、ペラペラめくり始めるのが人の常です。また、複数人の役員に同時に説明していると、ついていけない人が出始めます。また、今説明している資料以外を見始めてしまうと、気持ちがそ

ちらに持っていかれてしまいます。

　経営者の時間、頭、気を使わせないことがなぜ大事かといえば、報告用資料の本当の目的は、理解することの「先」にあるからです。報告用資料から得た情報をもとに、ビジネス上の意思決定を行うのが経営者の狙いです。そのため、理解ではなく、意思決定に集中できる環境を整備することが、私たち経理パーソンの配慮として求められます。

（1）時間配分

　経営者との報告会議では、どのような時間配分がよいのでしょうか。おすすめなのは、**質問を受ける時間を十分に取るというやり方で**す。つまり、こちらが話すのではなく、できるだけ相手に話してもらうようにします。そうすることで、短時間でも相手のニーズを満たすことができます。同時に、相手が何を知りたいかをこちらが探る手間も減らせます。例えば、打合せの時間が20分だとしたら、10分でこちらから説明し、残り10分は質疑応答に当てましょう。経営者との打合せにはありがちなことですが、当初の約束の時間が削減されて10分になってしまった場合でも、必ず質問の時間を取るようにしましょう。そのためにはこちらの説明も短くして5分で終えるようにします。このような不慮の事態に備えるためには、どこがポイントなのかをあらかじめ整理しておくことが必須です。

経営者向け報告用資料の例（再掲）

4．年間実績サマリ

'19/1/20時点

年間売上13.9億円，営業利益5百万円で着地。

〈対予算〉

売上は新店舗開店により1.1億円上回るものの，営業利益は9百万円不足。主要因は，下期の時給の上昇（5百万円）と光熱費削減の未達（3百万円）。

〈対前年〉

売上は新店舗開拓により1.5億円上回るものの，営業利益は1百万円減少。主要因は，下期の時給の上昇（8百万円）。

単位：百万円　　　　　　　　　　　　　　　　　　　※Mは百万円

	'17年度実績		'18年度予算		'18年度実績		vs '17実績		vs '18予算		対予算変動要因
売上	1,241	100.0%	1,278	100.0%	1,390	100.0%	149	-	112	-	新店増加（予算に対して＋1店舗）
売上原価	869	70.0%	894	70.0%	973	70.0%	(104)	-	(78)	-	
売上総利益	372	30.0%	383	30.0%	417	30.0%	45	-	34	-	
商品関連損失	30	2.5%	31	2.5%	34	2.5%	(4)	-	(3)	-	
人件費	88	7.1%	88	6.9%	102	7.3%	(14)	(0.3%)	(14)	(0.5%)	10月より時給1,000円から1,100円へ(-5M)
広告宣伝費	19	1.5%	19	1.5%	20	1.5%	(1)	0.0%	(1)	0.0%	
賃借料	60	4.8%	60	4.7%	66	4.7%	(6)	0.1%	(6)	(0.1%)	新店増加(-5M)
支払ロイヤリティ	149	12.0%	153	12.0%	167	12.0%	(18)	-	(13)	-	光熱費コントロール不十分(-3M)
その他	21	1.7%	18	1.4%	23	1.7%	(2)	0.0%	(5)	(0.2%)	
計	367	29.6%	370	28.9%	412	29.7%	(45)	0.1%	(42)	(0.7%)	
営業利益	6	0.4%	14	1.1%	5	0.3%	(1)	0.1%	(9)	(0.7%)	

　次に、どのようなことを話したらよいのでしょうか。図の例をもとに考えてみましょう。この例は年間実績の報告ですので、着地がどうなったかということをまず伝えます。そして、比較対象としての前年や予算と比較してどうだったのかも合わせて説明します。つまり、報告用資料のサマリに書いてある内容を中心に届けるのです。これは、プレゼンテーション全般に使える手ですが、冒頭のフレーズは書いてあるものを読めば済む形で用意しておくとよいでしょう。そうすれば、直前にトラブルが起きたり、時間が短縮したりと緊張が走った場合でも、何とか説明することができます。

　なお、ここまで紹介した内容はあくまでも一般的な例です。経営者の意向や性格は実にさまざまです。例えば、社歴の長さや得意分野などによって、話の進め方は変える必要があります。なぜなら、相手が欲しい情報を伝えることで、意思決定が可能になるからです。**相手からの質問を十分受け、「経営者を知る」ことは最も重要なポイント**といえます。

打合せの進め方の例

時間配分：5分で説明、5分質問対応（打合せ時間10分の場合）
強調すべき内容：今回の売上・利益額と利益％
前年に対する増減幅とその要因
予算に対する増減幅とその要因

⑵ 事前に準備すべきこと

　経営者との打合せには、必ず作戦会議をしてから臨むようにしましょう。本来の目的が達成されずに打合せが終わってしまうのは、避けられるようにします。そのために、作戦会議を通じて達成しておきたいことは2つです。その打合せのゴールを明確にしておくこと、そしてそれを同席者全員が理解しておくことです。

　前述の通り、経営者は、自分が知りたいことを矢継ぎ早に聞いてくることもよくあります。これが始まってしまうと、主導権は経営者側に取られてしまい、こちらの目的を達成するのが難しくなってしまいます。そうならないためには、**「打合せが終わったときにどうなっていないといけないのか」**を、**明確にしておきましょう**。例えば、月次決算の報告を取締役会に提出することをOKしてもらう、XX部門の追加予算を承認してもらうなどです。また、複数の目的がある場合には、優先順位をつけておくことも必要です。そして、この目的を経理部門から出席するメンバーに共有しておくことで、打合せが脱線し始めたときに、協力して軌道修正することができます。

　また、作戦会議で確認しておくべきことがらがいくつかあります。どれを資料で渡すのか、それは紙かデータで見せるのかをまず確認します。そして、出席者を決めます。打合せの目的を達成するためには、経理部門から誰が出席するのか、経営陣として誰に出席してもらうのがよいのかを話します。さらに、この会議が終わった後、経理部門は次にどう動くべきなのかまであらかじめ話しておくとよいでしょ

第6章 「見せる」経営者に報告するためのエクセル戦略

う。次の工程についてはまた「事後会議」をしてということになると、その日程調整の手間もかかりますし、それまでの期間、動くことができません。そして、経営者との打合せの結果を誰にどのように伝えるかもあらかじめ決めておくとよいでしょう。実務では時々「聞いていない」という発言を耳にしますが、これが出るとまた手間がかかってしまいます。

● 「作戦会議」のまとめ

【目的】
　・経営者との打合せのゴールを明確にする
　・それを同席者に理解してもらう
【確認すること】
　・手元資料として準備すべきもの
　・この場に出席すべき人選（経理部門側と経営者側両方）
　・会議後のアクションの内容
　・共有すべき関係者の有無

第7章

実務の悩みと
経理エクセル勉強法

実務の悩み

1. マクロは効率化につながる？
2. RPAは導入した方が良いの？
3. チームでの業務改善は何から始める？

経理エクセル勉強法

4. 経理エクセルの知識には2種類ある
5. 実務ではヘルプと周囲のエクセルマスターを活用する
6. 定着させるにはカスタマイズや試験が効果的
7. タイプ別のおすすめ書籍

1. マクロは効率化につながる?

　エクセルマクロというのは、エクセル上の操作を自動で実行する機能のことです。一回操作を記録させれば、その後はボタンを押すだけで実行されます。そのため、時間短縮効果が大きいのが特徴です。

　マクロを使うのがおすすめなのは、週次以上の頻度で行われる業務です。繰り返しの頻度が高い業務ほど、マクロの効果が高いといえます。なぜならマクロを作るのにも手数がかかるためです。その手数と費用対効果が合うのが、**週次＝年間約50回以上**と考えています。例えば、私はかつて、ディズニーの小売部門で前日の売上を毎朝メールで配信するという仕事をしていました。集計とメールの文面を起こす作業をエクセルで行っていたので、これをマクロを使って効率化しました。実施頻度が日次、つまり年間200日以上でしたので、効率化の効果が出やすい業務だったのです。

　しかし、マクロがなぜか止まってしまうということがたびたび起きました。それを理由に配信を止めるわけにはいきませんので、すぐに手作業に切り替えて配信しました。これができたのは、マクロが行っている作業内容を文章に起こしておいたからです。フローチャートでもよいでしょう。**大事なのは、マクロによる作業内容を「ブラックボックス」化させないことです。**

　マクロを作る際の手順としておすすめなのは、まず「マクロの記録」を使って作業を記録し、その後自動で作成されたプログラムを確認し、必要に応じて修正するという方法です。「マクロの記録」（［表示］―［マクロ］―［マクロの記録］）という機能を使うと、自分が行った作業内容をもとに「VBA」というプログラミング言語を使ったプログラムを自動で書いてくれます。

●「マクロの記録」

　このように、VBAが分からなくても、「マクロの記録」機能を使えば、一応マクロを作ることは誰でもできます。しかしこれだけでは、先ほど問題にした「ブラックボックス」です。例えば、自分が「マクロの記録」中に余分な動きをしていたら、それもプログラミングされてしまいます。そこで、ある程度のプログラミングの知識を持った上で、自動で作られたプログラムの内容を確認するというやり方が安心です。

　知識の身に付け方としては、まずは最低限のプログラミングだけ理解しましょう。例えば、コピー、貼り付け、セルの移動などです。その上で、実際にマクロが自動で作ったプログラムのうち分からない部分があれば、何を行っているのかを本やWebで調べるという方法が無駄がなくおすすめです。

RPAは導入した方が良いの？

　RPA（ロボティック・プロセス・オートメーションの略）による業務効率化の記事を最近よくみかけます。

　RPAは、ひとことでいうなら「パソコン版のエクセルマクロ」です。先ほどのエクセルマクロは、その名の通りエクセル上の作業のみを自動化の対象としていました。RPAは対象範囲が広がります。パソコン上で行う作業を丸ごと記録し、自動化することができるのです。

　例えば、会計システムからダウンロードした生データをエクセルで加工して、日付入りのファイル名を付けてからメールに添付して送る。このような複数の仕組み（ここでは会計システム、エクセル、メールソフト）をまたぐ場合にも使えます。他にも、経費申請された交通費のルートが最短経路かどうかWeb上の経路案内を使って確認する、信用調査会社のWebサイトで新規取引先の信用調査を行い記録を残す、銀行のWebサイトから毎朝為替レートをダウンロードして会計システムに取り込む、といった使い方もされているようです。とくに、大手金融機関では、契約管理のような発生件数が多い業務にRPAを導入することで、数十人規模での効率化につながっています。

　RPA化には頻度が高い、もしくは発生件数が多い業務が、適しています。導入の進め方としては、エクセルマクロと同様に、作業を記録した後にプログラムを確認するという方法がとられているようです。異なる点としては、数十万〜数百万円といわれるRPAのソフトウエアを入れなくてはいけないこと、また実際に取り組む際には導入時にコンサルティング会社のサポートを受けるケースが多いことが挙げられます。

　一方、エクセルマクロとRPAに共通するのは、どちらも、現場のユーザーが自分たちで開発できるという点です。従来、システム周りの改善がしたい場合には、システム部門に頼んで外部専門家に見積もり

を取って、という流れが必要でした。マクロやRPAツールを使うことで、短い手順であればその日のうちに自分たちで開発することもできるのです。この大きなメリットを認識した上で、どのような業務に適用するのかを検討するとよいでしょう。

RPAやエクセルマクロを含めた業務改善方法をまとめたものが下の図です。下に書いてある方法ほど、適用範囲が広く、また難易度が低いといえます。本書では、下の2つのスキルを中心に取り上げたのもそれが理由です。ショートカットは、手作業のスピードを速くするものです。関数やファイル構造を工夫することで、作業工数を減らすことができます。

上2つ、マクロとRPAは、より自動化を極めるのに有効です。しかしながら、前述の通り、プログラミング技術の習得が必要で、開発の時間もかかります。さらには、RPAの場合にはソフトウエアも購入しなくてはなりません。

RPAやマクロは業務改善のための手法の1つにすぎません。本書で紹介したような見知ったスキルをさらに磨き、徹底的に活用することも、業務改善には効果的といえます。

● 業務改善スキルの体系図

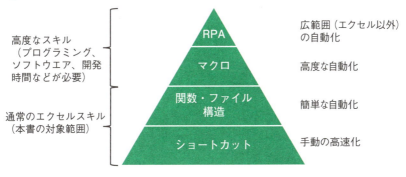

3. チームでの業務改善は何から始める？

　経理部門内でエクセル業務の改善を進める場合、個人でやるよりも部門全体で取り組む方が効果は出やすいものです。なぜなら、エクセル業務は、「作る」、「使う」、「見せる」の３つの段階で構成され、常に他の人の視点を意識する必要があるためです。とくに、「使う」で見たフォルダ体系やファイル名などは部門全体に与える影響も大きく、個人レベルでは取り組みにくいものといえます。

　チームでエクセルの改善に取り組む際のコツは、「小さく始める」ことにあります。「これならできそう」と思えるものから取り組むようにしてください。部門内の人のエクセルレベルは実にさまざまです。**部門の中でエクセルが最も苦手な人に合わせて決めましょう。**そうすることで、決めたルール通りに運用できる可能性が高くなります。方法を決めるはじめのうちは張り切っているので、細かいルールを決めてしまいがちです。しかし、多忙な実務において、ルールをその都度確認しながら進めることは現実的ではありません。ルールを決めるときには、「シンプルすぎる」くらいがちょうどいいのです。

　同様に、**すでに皆が認識している問題から取り組むというのも、もう１つの成功のコツ**です。メンバー全員の対処するモチベーションが上がれば、運用もうまくいきやすいものです。顕在化している問題を解決できたという自信と経験が、次の改善に前向きに取り組むことを可能にします。

● チームで改善に取り組むコツ

①小さく始める
②皆が認識している問題から取り組む

3. チームでの業務改善は何から始める？

　もし個人でエクセルの改善に取り組む場合には、「作る」で紹介した内容を中心に取り組むといいでしょう。「使う」、「見せる」に比べて、取り組みやすい項目が多いためです。

4. 経理エクセルの知識には2種類ある

(1) 自分に合った知識をまとめてインプットする

　他の人から業務を引き継いだ際に、そのファイルに使われていた関数を初めて知り、身に付けるということが実務ではよくあります。このように実務を通じて学ぶのは**「場面ベースのアプローチ」**といえます。これに加えて、まだスキルが不十分だと感じるのであれば、幅広くかつ一元的にスキルを身に付ける機会をもつのもよいでしょう。こちらは、**「テクニックベースのアプローチ」**です。エクセル活用では、場面とテクニックの両面からバランス良く押さえることが効果的です。例えば、使いそうなテクニックをある程度知っておくことで、必要な場面で活用することができます。

　知識をまとめてインプットするのに役に立つ代表的な情報源は、書籍です。最近は、本屋でも「経理のためのエクセル」といった書籍も複数みかけます。辞書のように網羅的に載せた本もありますので、調べものが多い場合には1冊手元においておくと便利でしょう。書籍は、安価でありいつでも手軽に勉強できるのは大きなメリットです。一方で、身に付くかどうかは自分のやる気次第であり、必要な情報を探すのに時間がかかるというデメリットもあります。

　それ以外の方法としては、講習もあります。講習の多くは、実際に自分で手を動かす形式なので、その場で操作を身に付けることができます。さらに、最近は、YouTubeでも操作を紹介する動画が用意されているので、それを見るのもよいでしょう。とくに、日頃から映像を見るのに慣れている人にはおすすめの方法です。自分がなじみのある媒体を使うのが、インプットの負担を減らすコツです。

4. 経理エクセルの知識には2種類ある

(2) 基礎知識と個別知識の2つを区別する

　身に付けるべきエクセル知識には、2種類あります。基礎知識と個別知識です。基礎知識とは、すべてのエクセル操作に必要となる最低限の知識のことです。個別知識とは、基礎知識を一通り身に付けた上で、自分の業務に必要となる個別の知識のことです。個別知識の例として、ショートカットが挙げられます。

　基礎知識が不足している場合、個別知識を効率的に身に付けることは難しいものです。個別知識は、基礎知識を前提にして説明されることが多いためです。もしこの書籍の内容が全体的に難しいと感じる人は、まず基礎知識を体系立てて身に付けるとよいでしょう。

　エクセルに関する書籍も、その内容に応じて基礎知識と個別知識で分けることができます。例えば、『よくわかるMicrosoft Excel 2016 基礎』（2016年、FOM出版）は基礎知識を一通り習得するのに適しています。一方、個別知識を扱った書籍は、「ショートカット」や「関数」といった特定の内容について書かれたものです。タイトルにこれらの名称が含まれていることが多く、とくに文庫本によく見られます。中には、「超速」などと効果に注目したタイトルが付けられている場合もあります。目次を見てみると、実際に扱っているテクニックがよく分かります。ショートカットやその他の無形テクニックを主に扱っていることが多いです。

　これらの書籍は、読み方が重要です。**基礎知識に関する本は前から順番にすべて読みましょう。**そうすることで、漏れなく知識を身に付けることができます。一方、**個別知識に関する本は、まず目次に目を通すと効率的です。**個別知識を必要とするレベルの人は、基礎は身に付いている段階ですので、自分の業務に必要な知識を中心に身に付けるのがよいでしょう。まずは目次を見て、自分の業務に使えそうだけれども知らない知識を辞書のように拾うのです。コツは、目次の中で自分がすでに知っている知識の周辺に書かれている知識に注目することです。それらは、類似性が高く活用できる可能性が高いからです。

実務ではヘルプと周囲のエクセルマスターを活用する

(1) 分からないことはまず「ヘルプ」で調べる

　エクセルを使用していて分からないことが出てきた場合、まずはエクセルの機能の1つである「ヘルプ」を使いましょう。「ヘルプ」の検索窓に調べたい用語を入力すると、多くの情報が出てきます。このとき、冒頭の用語の説明は見ずに、下の方にある実際の使用例を中心に確認すると効率的でしょう。

　ここで大事なのは、今行っている作業をなるべく中断させないことです。「前読んだこの本に出ていたはず…あれこっちの本かな」と、本をパラパラめくっているうちに、すっかり思考回路が飛んでしまいます。これは、業務効率低下につながり、もったいないことです。「ヘルプ」を読んでもまだ分からない場合に初めて、インターネットで検索するのもよいでしょう。ただし、調べたいことがら以外のものに目を奪われないように注意してください。

　「ヘルプ」やインターネットで検索するときのコツは、機能の「正式名称」を押さえておくことにあります。曖昧な言葉を検索窓に入れても、欲しい情報は見つかりづらいものです。そこで、正確な機能名や関数名で検索することで、検索の精度を上げ、調べものにかかる時間を減らします。

(2) 周りのエクセルマスターを活用する

　自分の実務に必要なスキルをピンポイントで入手するのが、最も効率的なエクセル習得の方法だという話はすでにしました。どのようなスキルが必要かを手っ取り早く知るためには、自分の周囲にいる同僚や先輩、上司の中で、**エクセルが得意な人をぜひ観察してみてくださ**

い。周囲の人は、自分と近い業務を行っているために、必要なスキルも似てきます。そのため、即効性が高いスキルの宝庫なのです。

　例えば、作業を引き継ぐための説明を受ける機会があるなら、ぜひその人の手元に注目しましょう。第3章でお話したように、とくにショートカットなどの無形テクニックは、身に付ける機会が限られます。ぜひ近くの「エクセルマスター」を思う存分活用するようにしましょう。

6. 定着させるにはカスタマイズや試験が効果的

(1) 自分用に知識をカスタマイズする

　ここまで説明してきたやり方で集めた知識を使いこなすには、知識を定着させることが必要です。それには、自分が身に付けたい知識をリストにまとめるのがよいでしょう。使いたいと思ったときにすぐに確認できるようにするためです。

　実際に私も、第3章でお話した通り、**覚えたいショートカットをグループ分けした上で、リストにしてました**。これを自分のデスクの前のパーテーションに貼り付け、作業中にショートカットが思い出せないときに顔を上げてすぐに確認します。覚えられたら線を引いて消し込みます。また、新たに覚えたいショートカットが出てきたら追加でリストに書き込みます。こうすると、ショートカットの習得度合いが一目瞭然であり、消込みの数が増えると、励みになります。このリストはきれいに作る必要はありません。学生の試験前のまとめノートのように作っただけで満足してしまっては意味がないのです。大事なのは、自分のためのリストであること、すぐに確認できること、更新の手間がかからないことです。

　まだエクセルを使い始めたばかりで、ショートカットをほとんど知らないという人は、市販のショートカットリストを活用するのも手です。エクセルのショートカットの中から基本的なものを集めて書かれたマウスパッドも売られています。市販のものも、自分の状況に合わせて上手に活用しましょう。

(2) きちんと習得したい人は、MOS試験も有効

　「Microsoft Office Specialist（通称MOS）」と呼ばれる試験があり

6. 定着させるにはカスタマイズや試験が効果的

ます。これは、エクセルを含むマイクロソフトオフィスの利用スキル
に関する試験で、実際にパソコンを操作する形式で受験します。先ほ
ど説明した基礎知識をきちんと身に付けたいということであれば、実
際に試験を受験するのもとても効果が高いと思います。私は、監査法
人から事業会社に転職した際に、周囲より知識が大幅に不足している
と感じたために、このMOSの「エクセルスペシャリスト」をすぐに
受験しました。この学習と試験を通じて、最低限の機能と用語を身に
付けたため、その後の個別知識の習得を加速することができました。

　書籍と異なる試験ゆえのメリットは、緊張感にあります。受験料
（1万円程度）もかかるので、合格しようと必死で勉強します。試験
当日も、身に付けたことを必死で思い出そうとします。つまり、時間
制限がありかつ費用が掛かっていることで、習得にかける真剣さが生
まれます。また、資格取得後は、目的である実務の業務効率が上がる
ことはもちろん、異動や転職の際に客観的にスキルを証明することが
できることも大きなメリットといえます。

7. タイプ別のおすすめ書籍

　エクセルの書籍でおすすめのものをタイプ別にいくつか紹介します。(1)は業務内容、(2)は会社の規模、(3)(4)は習得したい分野、(5)は習得方法を切り口としています。このように、経理パーソンと一言で言っても、業務内容、会社の規模、習得したいスキル、習得方法の好みは人それぞれ異なります。自分が欲しいのは、どの切り口のどのような情報なのかを明確にすると、あまたある書籍の中から効果的なものを探せるようになります。

(1) 予算管理業務が多い人

　『ビジネスエリートの「これはすごい！」を集めた外資系投資銀行のエクセル仕事術』（熊野整、2015年、ダイヤモンド社）は、予算管理の業務が多い人にとくにおすすめです。シミュレーションの作り方が分かりやすく説明されています。また、外資系企業の特徴といえる、資料の見た目に関するコツも多数紹介しているので、「見せる」編で扱った報告用資料の見た目にさらにこだわりたい人の参考になると思います。

(2) 中堅規模の会社の人

　中小規模の会社の人やそれを支援する職業会計人には、「新版そのまま使える経理＆会計のためのExcel入門」（井ノ上陽一、2018年、日本実業出版社）がよいでしょう。使われている事例や帳票には経理実務に関連するものが多く、業務に活かしやすく、また内容をイメージしやすいと思います。

(3) 関数を学びたい人

関数について一通りを理解したという人がさらに上を目指すのに役立つ本として、「すごい！関数　〜作業効率を劇的に変えるExcelの使い方〜」（森田貢士、2016年、秀和システム）があります。本書でも紹介してきたような、関数を使いこなすためのベースとなる思考法について丁寧に触れています。本書で扱ったレベルの関数を一通り身に付けてから一読するとよいと思います。

(4) ショートカットを学びたい人

「あなたの1日を1時間増やす！　魔法のExcelショートカットキー」（大村あつし、2016年、秀和システム）は、一通りのショートカットを手軽に学びたい人に最適です。イラストも豊富かつコンパクトにまとまっています。その上、覚えるための連想法を紹介するなど独自の工夫も参考になります。使い手の目線で書かれているのが印象的な良書です。

(5) 映像で学ぶのに慣れている人

若手など映像で学ぶのに慣れている人におすすめなのが、「できるYouTuber式 Excel 現場の教科書」（長内孝平、2019年、インプレス）です。「おさとエクセル」で有名なYouTuberが書いた、動画と連動した書籍です。動画では、関数の設定の仕方も丁寧に紹介されており、また数分間のものも多いので、必要な知識に限定して空き時間に勉強できるのは大きな利点です。

巻末附録

附録1　3つの場面別で押さえる！　エクセル関数21選
附録2　13のグループ分けで覚える！　エクセルショート
　　　　カット45選
　　　　●移動のショートカット18選
　　　　●作業のショートカット27選

巻末附録1　3つの場面別で押さえる！エクセル関数21選

段階	機能	関数名	経理の場面
作る	条件に一致する値を表示する	vlooup	列にある情報をキーに該当する値を探す。例えば、残高試算表から勘定科目をキーに残高を探す
	〃	hlookup	行にある情報をキーに該当する値を探す。例えば、部門別PL一覧表から部門名をキーに残高を探す
	日数を数える	days	各月の日数を数えて、業績への影響を検討する。とくに、うるう年も自動で計算されるので便利
	平日の日数を数える	networkdays	平日の日数によって業績が大きく変わる業種において、その影響をあらかじめ把握する
	選択したセルを掛け算したものを合計する	sumproduct	加重平均を計算する
	両方の条件を満たすものを求める	and	ほしい形式にデータを加工する
	片方の条件に合うものを求める	or	ほしい形式にデータを加工する
	複数の場合に分けて結果を表示する	if	ほしい形式にデータを加工する、シミュレーションを作る
使う	合計値を求める	sum	全体の合計に異常がないか、漏れがないか確認する
	個数を求める	count	データの数に異常がないか、漏れがないか確認する
	条件に合うセルの合計値を求める	sumif	グルーピングした上で、どのような傾向があるのか知り、異常がないか確認する
	条件に合うセルの個数を求める	countif	グルーピングした上で、どのような傾向があるのか知り、異常がないか確認する

巻末附録1　3つの場面別で押さえる！　エクセル関数21選

	平均値を求める	average	全体の傾向を把握し、データに異常がないか確認する
	順位を求める	rank	全体の中での位置づけを知る
	最大値を求める	max	データの範囲（上限）を把握し、異常がないか確認する
	最小値を求める	min	データの範囲（下限）を把握し、異常がないか確認する
見せる	定めた数字の位で四捨五入して表示する	round	数字を丸めて見た目を整える。Rounddownで切り捨て、Roundupで切り上げも可能
	エラー値の場合、特定の結果を表示する	iferror	表の中で、エラー値に代わって空欄を表示する
	今日の日付を表示する	today	資料の右肩に印刷日付を表示する
	値をつなげる	&	報告コメントの定型文を作る
	文字列をセルに	""	報告コメントの定型文を作る

巻末附録2　13のグループ分けで覚える！エクセルショートカット45選

● 移動のショートカット18選

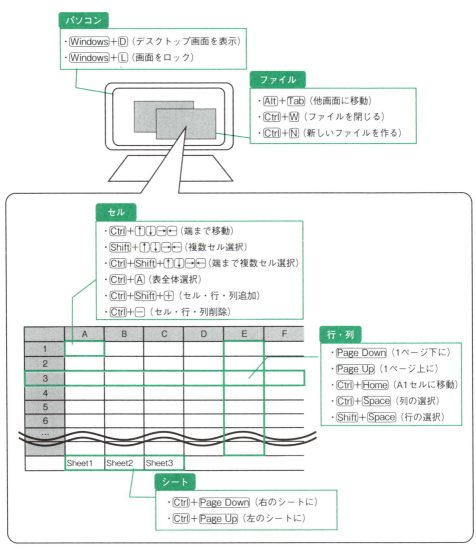

巻末附録2　13のグループ分けで覚える！　エクセルショートカット45選

●作業のショートカット27選

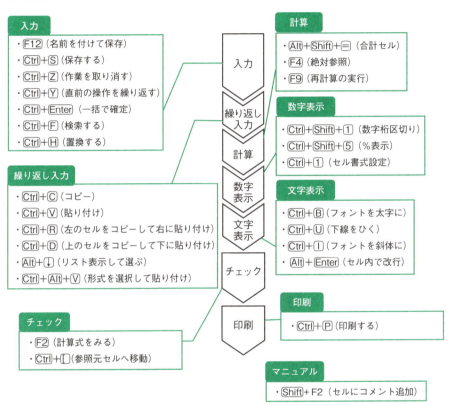

巻末附録

● 移動のショートカット18選

グループ	機能	キー	経理の場面	覚え方
パソコン	デスクトップ画面を表示	Windows+D	作業途中で人が近づいてきたときに、デスクトップ画面に切り替える。作業内容が見えないように。	デスクトップ（一番初めの画面のこと、英語でDesktop）のD
	画面をロックする	Windows+L	作業途中で離席するときに、パソコンをいじれないようにする	閉める（英語でLock）のL
ファイル	他の画面に移動	Alt+Tab	別のファイルを見るエクセルだけではなく他の画面にも移動可能	
	ファイルを閉じる	Ctrl+W	作業を終えるインターネットでも使える	
	新しいファイルを作る	Ctrl+N	エクセルを電卓がわりに計算するときにも便利	
セル	端まで移動	Ctrl+↑↓←→		飛ぶCtrl
	複数セルを選択	Shift+↑↓←→	複数セルに対して同じ作業を一括で行う	広げるShift
	端まで複数セルを選択	Ctrl+Shift+↑↓←→	表の大部分を指定して同じ作業を一括で行う。矢印キーで微調整可能。	飛ぶCtrlと広げるShiftの合わせ技
	表全体を選択	Ctrl+A	表の全部を選択して、丸ごと転記する。矢印キーで範囲を調整することで、表の大部分の選択に切り替え可能	すべて（All）のA
	セル・行・列の挿入追加	Ctrl+Shift+（+）		追加のプラス
	セル・行・列の削除	Ctrl+（−）		削除のマイナス

220

巻末附録2　13のグループ分けで覚える！　エクセルショートカット45選

行・列	1ページ分下に移動	Page Down	少しずつシートを眺める（行き）	下向きのDown
	1ページ分上に移動	Page Up	少しずつシートを眺める（帰り）	上向きのUp
	A1セルに移動	Ctrl+Home	シートの左上に一気に戻る	起点のA1セルはHome（家）
	列の選択	Ctrl+Space	列の削除やコピー	列のCtrl
	行の選択	Shift+Space	行の削除やコピー	行のShift
シート	右のシートに移動	Ctrl+Page Down	ファイル全体の構造や各シートの概要を確認する（行き）	遠くへDown
	左のシートに移動	Ctrl+Page Up	ファイル全体の構造や各シートの概要を確認する（帰り）	近くへUp

● 作業のショートカット27選

入力	名前を付けて保存（初回）	F12	新たに作ったファイルを名前を付けて保存する	
	保存する（2回目以降）	Ctrl+S	作業内容が失われないように、少し作業したら保存する	
	作業を取り消す	Ctrl+Z	誤りを直す、または、作業経過を見直す	
	直前の操作を繰り返す	Ctrl+Y	修正を誤った場合にもとに戻す	
	一括で確定する	Ctrl+Enter	複数セルに同じ内容を入力する	
	検索する	Ctrl+F	該当箇所がどのくらいどこにあるのかをあらかじめ把握する	
	置換する	Ctrl+H	一括で置き換えることで入力する	

221

巻末附録

繰り返し入力	コピー	Ctrl+C	コピーする（貼り付けはしない）	
	貼り付け	Ctrl+V	貼り付ける（コピーはしない）	
	左のセルをコピーして右に貼付け	Ctrl+R	表作成で右と同じものを入力する	右（英語でRight）のR
	上のセルをコピーして下に貼付け	Ctrl+D	表作成で上のセルと同じものを入力する	下（英語でDown）のD
	上に入力した文字データをリストで表示して選ぶ	Alt+↓	何度も同じものを不規則に入力する	
	形式を選択して貼り付け	Ctrl+Alt+V	完全に同じ内容で貼り付けずに、形式などの一部の要素だけ活用する	
計算	合計セル	Alt+Shift+=（イコール）	表の合計欄の数式を入力する	
	絶対参照	F4	関数を使った計算式の中で、参照するセルを固定する	
	再計算の実行	F9	ファイルのデータ量が重いときに、自動計算が行われないようにして入力をスムーズにする	
数字表示	数字に桁区切りを入れる	Ctrl+Shift+1	金額の見た目を整える	桁区切りの！（=shift&1は！を表す）
	％で表示する	Ctrl+Shift+5	％の見た目を整える	パーセントは％（=shift&5は％を表す）
	セルの書式設定	Ctrl+1	フォント、配置、罫線などあらゆる見た目を整える	
文字表示	フォントを太字に	Ctrl+B	表の中でも重要な箇所を太字で目立たせる	太字（英語でBold）のB

222

巻末附録2　13のグループ分けで覚える！　エクセルショートカット45選

	フォントに下線をひく	Ctrl+U	表の中でも重要な箇所を下線で目立たせる	下線（英語でUnderline）のU
	フォントを斜体に	Ctrl+I	表の中でも重要な箇所を斜体で目立たせる	斜体（英語でItalic）のI
	セル内で改行する	Alt+Enter	データ元などセルの中で長いコメントを書くとき、読みやすいように改行して表示する	
チェック	計算式をみる	F2	計算式が正しいか確認する、または、計算式を修正する	
	参照元セルへ移動	Ctrl+[	トレーステスト。どこからリンクが来ているのかを知り、計算式を理解する、または、正しいかどうか確認する	
印刷	印刷する	Ctrl+P	印刷する、または、印刷されたときのレイアウトを確認する	
マニュアル	セルにコメントを追加する	Shift+F2	作業手順に関する情報を補足で書く	

＜著者紹介＞

梅澤　真由美（うめざわまゆみ）

公認会計士、管理会計ラボ株式会社代表取締役。

2002年に公認会計士試験に合格したのち、監査法人トーマツ（現：有限責任監査法人トーマツ）入社。2007年より日本マクドナルド㈱およびウォルト・ディズニー・ジャパン㈱などの事業会社に勤務。経理・予算管理・経営企画など幅広い業務を、スタッフから管理職の立場で経験。

事業会社勤務の10年間で、ショートカットすら知らないレベルから、数千店舗分のデータを扱い、さらには部門全体の残業削減のツールとして使えるまでにエクセルスキルを向上させることに成功。その後、現在の管理会計ラボ㈱を設立し、経理実務や管理会計を専門とする「実務家会計士」として、セミナー講師、書籍や雑誌の執筆、コンサルティングに活躍中。
静岡県出身。京都大学農学部卒業、ボンド大学ビジネススクール修了（MBA）。主な著書に「今から始める・見直す　管理会計の仕組みと実務がわかる本」（中央経済社）。

本書の内容に関するご質問は、税務研究会ホームページのお問い合わせフォーム（https://www.zeiken.co.jp/contact/request/）よりお願い致します。なお、個別のご相談は受け付けておりません。

本書刊行後に追加・修正事項がある場合は、随時、当社のホームページ（https://www.zeiken.co.jp）にてお知らせ致します。

経理のためのエクセル　基本作法と活用戦略がわかる本

令和元年8月31日　初版第1刷発行
令和5年8月10日　初版第3刷発行

（著者承認検印省略）

Ⓒ　著者　梅澤　真由美

発行所　税務研究会出版局

週刊「税務通信」「経営財務」発行所

代表者　山根　毅

〒100-0005
東京都千代田区丸の内1-8-2　鉄鋼ビルディング
https://www.zeiken.co.jp

乱丁・落丁の場合は、お取替え致します。　　　印刷・製本　三松堂株式会社
ISBN978-4-7931-2479-2